韩兴娥课内海量阅读丛书

成语笑话

编著/邹敦怜　林丽丽　韩兴娥

编委/李宏伟　于爱华　张秀明

姜　莉　周平昭　刘爱荣

张建英　罗义蘋　赖庆雄

·第2版·

江西人民出版社
Jiangxi People's Publishing House
全国百佳出版社

图书在版编目（CIP）数据

成语笑话.5/邹敦怜,林丽丽,韩兴娥编著.
2版.--南昌:江西人民出版社,2024.11.--（韩兴
娥课内海量阅读丛书）.--ISBN 978-7-210-15328-3

Ⅰ.G624.203

中国国家版本馆CIP数据核字第202447ND23号

版权登记号：14-2016-0115
本中文简体字版图书由台湾萤火虫出版社授权江西人民出版社独家出版。

成语笑话 5（第 2 版）　　　　　邹敦怜　　林丽丽　　韩兴娥　编著
CHENGYU XIAOHUA 5（DI 2 BAN）

策 划 编 辑：杨　帆
责 任 编 辑：吴丽红　胡文娟
书 籍 设 计：白　冰　游　珑

 江西人民出版社 Jiangxi People's Publishing House 全 国 百 佳 出 版 社　出版发行

地　　　　址：江西省南昌市三经路 47 号附 1 号（邮编：330006）
网　　　　址：www.jxpph.com
电 子 信 箱：jxpph@tom.com
编辑部电话：0791-86899133
发行部电话：0791-86898815
承　印　厂：江西千叶彩印有限公司
经　　　销：各地新华书店

开　　　本：787 毫米 × 1092 毫米　1/16
印　　　张：9
字　　　数：110 千字
版　　　次：2018 年 9 月第 1 版　　2024 年 11 月第 2 版
印　　　次：2024 年 11 月第 1 次印刷
书　　　号：ISBN 978-7-210-15328-3
定　　　价：22.00 元
赣版权登字 -01-2024-587

目录

自序

一

　　成语是汉语的精练呈现，是中华文化隽永的智慧，是古人的哲理巧思。每一则成语，都给阅读者提供了深刻的意境，以及难以言传的语感表现。透过一个个典故、传奇、故事，成语同时也展现了文字的精致之美。

　　在教学中，教师常喜欢引导学生恰当地使用成语。无论是作文还是说话，运用成语常有画龙点睛的效果。但是，要怎样让学生与成语的接触更有趣？我们想到了"笑话与成语"的组合。

　　在这本书中，基本每一篇都分成四个部分：

　　首先呈现给广大读者的是一个**幽默谐趣的笑话**。把常用的成语巧妙地融入笑话中，可以让学生从具体情境中，了解成语的意义及其用法。

"**成语意思猜一猜**"列出了前面笑话中所运用到的成语的释义。它以游戏的方式，让学生来猜出相应的成语，拓展成语的延伸意义，让读者知道成语更深刻的含义。

"**成语运用猜一猜**"设计了句子或短文，让读者小试身手，引导其运用本篇所学习的成语，促使他们更熟练地运用成语。

"**成语万事通**"延伸了本篇所列成语的课外知识，包括历史事件、典故由来、寓言故事、神话传说、作品名句，与成语有关的科学、人文、社会等知识，让学生在认识成语的同时，能更伸展学习的触角。

以笑话为载体，让所有学习者一窥成语世界的神奇奥妙，进而引发对学习语文的兴趣，这是一条事半功倍的捷径。希望有更多的人共襄盛举，把这样的理念、想法，运用在课堂上、亲子互动中，让更多美好的语言文字，装点我们的生活，丰富我们的世界。

邹敦怜　林丽丽

自序

二

　　本书于 2018 年 9 月出版，6 年来，重印过多次。每次重印，编者都会根据读者反馈对内容作出适时适当的修改、调整和补充，使之更趋完善。此次再版，我们也对编校方面的讹误作了订正，以期更适合广大读者朋友使用。

　　说起与本书的渊源，我还记得那是 2013 年的暑假，北京图书大厦书架上的一套《看笑话　学成语》进入我的视线。我随手翻开，一眼就断定——这就是我们要找的书！它是为"课内海量阅读"量身定做的书！真佩服邹敦怜、林丽丽这两位台湾教师，她们让孩子们在笑声中学习成语，这是多么巧妙的构思！没想到海峡对岸的同胞竟然与我如此心有灵犀！于是，我毫不犹豫地买下一套，并邀请几位好友改编和试教。

　　在改编过程中，我们发现一个笑话中只有四个成语，似乎太少了！于是，我们绞尽脑汁地添加成语、改编笑话，希望用最短的篇幅给予孩子最丰富的语言，又不失原文的无穷妙趣。

　　改编工作持续了两个暑假。伴着腰酸背痛，我们美滋滋地憧憬：这套"不用老师教，学生就能自学"的书呈现在孩子们面前时，他们边笑边读，边读边笑，阅读的快乐氛围弥漫整个教室。我们禁不住偷偷乐起来！

　　改编后的书稿首先进入了我们自己的课堂。果然，我们欣喜地看到，孩子们一会儿哈哈大笑，一会儿沉思静读，完全沉浸在书香墨韵之中。看到孩子们学习得兴致盎然，老师教得轻松愉悦，我们所有的辛苦皆化成甜蜜的幸福。

　　在教学过程中，我们发现这套书为孩子在阅读和写作之间搭建了一座桥梁，能够有效地激发他们使用语言的自觉意识和强烈欲望。通过学习这套书，孩子们能达到这样一种状态：学了成语，仿佛新获宝剑，时刻捕捉战机，一有机会，即用之而后快。有了这样的意识和欲望，才能形成自觉运用语言的习惯，才能学好语言。

　　于是，我们为每本《成语笑话》都做了课件，通过课件向学生展示学习方法。单个故事的学习过程是：

　　1. 听笑话故事；

　　2. 自己练习讲故事；

　　3. "开火车"口头填成语；

　　4. 看成语接力讲故事。

　　笑话故事的录音可以到喜马拉雅上免费收听，也可以由学生录音。老师可以按进度一个单元、一个单元地放给学生听，也可以把整本书的录音全部放给学生听；可以由老师或学生现场朗读，也可以由几个学生事先排练然后分角色朗读。听完故事后，师生可以讨论故事笑点在哪里，然后齐读成语。

　　学生在自己练习讲故事的这个环节，可以复述书上的笑话故事，也可以用笑话故事中的成语创编故事。"开火车"口头填成语可以进一步巩固成语。课件上每五个故事提供一课"口头填成语"，供老师和家长抽查。学生只要能读熟并复述故事，做这个练习轻而易举，就不用专门练习。

看成语接力讲故事可以提高学生复述和创编故事的能力。为了便于学生自学、老师教学，整本书每一个故事的成语都配有课件。在课堂上，有的学生讲故事不按书中的情节，但总有学生能给故事编出一个圆满的结尾。感觉故事讲不下去时，就是学生最期待的时候。

特别指出："开火车""接力"可以方便老师快速检查学生的掌握情况。要落实每一个学生的达标情况，老师要在课堂上将"开火车""接力"检查和个别检查结合起来。在"开火车""接力"的检查过程中，全体成员都通过了的合作小组可以获得"免试"资格。这样能有效地促进小组成员之间的互帮互学。

通过一节课、一组笑话故事的学习，学生就能了解自学的方法，摸索出老师检查的规律，从而进行自学和小组合作学习。从第二单元的笑话故事开始，老师就不必总打开电脑，只需利用课件检查学生对故事的学习情况。

学习几个单元的笑话或一本书后，就安排一次"阶段书面运用竞赛"，即合作小组四个成员看着答案中的成语，在限定的时间内用老师给出的成语写句子或段落，一共能运用多少个成语，小组就能得到相应的分数。于是学生竞相应用，合作小组成员主动交流如何学以致用，以求自己的小组得到高分。

以上是我喜欢的，我的学生也习惯的"课内海量阅读"学习方法，我们一个多星期可以学完一本《成语笑话》。没有"海读"基础的班级可以一个单元、一个单元地慢慢学，用两到三个星期学完一本。

学习的流程也可以这样安排：

1. 预习。老师提前给合作小组排出"讲课表"，小组成员在课前演练如何"讲课"。可以轮流上台复述故事，可以全组成员分角色朗读，或者表演读……老师鼓励学生提前用大纸写好或在黑板上板书笑话中的成语和生疏的字词，便于边讲边指这个词，带领全班同学诵读。这些资料可以保存起来，留待"阶段书面运用竞赛"时用。

2. **讲述**。上课时，各小组派代表上台，采用不同的形式讲笑话。老师鼓励学生不仅要把这个笑话中出现的成语都用上，还要尽可能地增加成语。同时，要把"笑点"讲明白，还可以向台下学生提问，台下学生也可以质疑问难。

3. **自测**。学生看书自测某单元笑话中的"成语意思猜一猜""成语运用猜一猜"。

4. **强化**。把某单元笑话中有一定难度的"成语意思猜一猜"打乱顺序投映到屏幕上，进行强化练习。不喜欢经常打开多媒体的老师可以每周利用一节课进行集中强化练习。

5. **运用**。把当堂所学的成语排列在黑板或屏幕上，也可以看着书后面"参考答案"中的相关成语，让学生说几句或一段话，看看能用上其中多少个成语，并以小组为单位计分。

6. **阶段练习**。每学几组笑话或一本书，可以组织一次"阶段书面运用竞赛"。不论学习的速度快或慢，"阶段书面运用竞赛"都能促进互帮互学，还能促进阅读能力向写作能力的转化。

课堂上要挤出时间给学生展示和分享。学生可以创作图画让大家猜成语，可以找一找本组成语的同义或反义成语，还可以运用学过的成语写日记或合作写循环日记……

走在"海读"路上的日子里，总是期盼着孩子们笑着，读着，表演着，创造着……

韩兴娥

2024 年 11 月

上课流程

1 预习

2 讲述

3 自测

4 强化

5 运用

6 阶段练习

教无定法，希望师生共创有创意的学习流程

01

第一单元

第 **1** 篇

纪晓岚的幽默

　　一天，纪晓岚和一群朋友吹嘘自己凡赌必胜，总是**稳操胜券**（quàn）。朋友笑他**胡吹乱嗙**（pǎng），纪晓岚一副**成竹在胸**的样子，说："看见店里的老板娘了吗？我能说一句话让她笑，也能说一句话让她生气！"朋友们觉得**匪**（fěi）**夷所思**，双方以一桌酒席作为赌注。只见纪晓岚**整衣敛**（liǎn）**容**之后，走到店门口，**恭恭敬敬**地对着门口那只土狗行了一个礼，清脆地叫了声："爹！"老板娘刚开始一愣，接着掩嘴而笑。哪知纪晓岚紧接着**不紧不慢**地踱（duó）进店里，对着老板娘也行了一个礼，**旁若无人**地叫了声："娘！"老板娘顿时气得**横眉立目**。

　　纪晓岚果然只用了两句话，就赢了一桌酒席。

 **成语意思**
猜一猜

1._____：指有充分的取胜把握。

2._____：形容人强横、凶狠、愤怒的神情。

3._____：整理服装，端正仪容。

4._____：形容信口开河说大话，瞎吹牛。

5. _____：不是根据常理所能想象的。指事情、思想、行为等非常离奇，超乎常情。

6. _____：比喻做一件事以前，心里早已有对这件事的通盘考虑。

7. _____：形容心情平静，行动从容。

8. _____：好像旁边没有其他人一样。形容自行其是，不为他人左右。也形容态度傲慢，目中无人。

9. _____：对尊长贵宾谦恭而有礼貌。

成语运用 猜一猜

1. 我_____地告诉老师，这道题我会做。

2. 妈妈生气时_____的样子很可怕。

3. 一群正在打打闹闹的学生，一见老师进来，立即_____，坐回位子上。

4. 因为小周经常_____，所以今天他很诚恳的表达也让大家半信半疑。

5. 小明数学考试经常不及格，这次却考了 90 分，真是_____。

6. 这场决斗，他准备充分，可谓_____。

7. 作为一名学生，我们应该_____地对待师长。

8. 同学们一个个屏气凝神地听老红军_____地讲故事。

9. 他_____地大声打电话，全然不顾周围愤怒的目光。

第 2 篇

拾了一条绳子

惯偷阿成多次被送进官府。官员胸怀宽广,总是**既往不咎**(jiù)地饶恕他。

有一天,阿成又被送进来了。官员忍不住摇头叹息:"难道真是**本性难移**吗?我对你已经是'**七擒**(qín)**七纵**'了,你为什么不能效法周处**悬崖勒马**呢?"官员训完了,就问:"这次你又做了什么?"阿成耸了耸肩,说:"我真是倒霉,只是在路上捡起一条绳子而已……"官员听了,以为这次是个误会,原本**无可救药**的阿成已经**改过自新**了,心中十分欢喜。

没想到阿成接着说:"我哪里知道这条绳子后面跟着一头牛呢!"

成语意思
猜一猜

1. _____:本指对已经过去的事情不再追究。后多指对以往的错误不予追究。

2. _____:比喻运用策略,使对方心服。

3. _____:比喻到了危险的边缘及时醒悟回头。

4. _____:人本来的个性很难改变。

5. _____：病得很重，已不能救治。多比喻人或事情已经坏到了无可挽救的地步。

6. _____：改正错误，重新做人。

成语运用
猜一猜

1. 他以前偷鸡摸狗，现在已经_____了。

2. 大将军对他_____，他现在是心服口服了。

3. 过去的事，咱们可以_____，今天专谈眼前和今后怎么办。

4. 俗话说："江山易改，_____。"

5. 你铸成大错在前，已经对不起天地祖宗，赶快_____吧。

6. 这种屡教不改的人已_____，我已经对他不抱任何希望。

成语 万事通

七擒孟获震天威

　　"七擒七纵"出自《三国志·蜀志·诸葛亮传》，讲的是诸葛亮七擒孟获的故事。三国时，诸葛亮出兵南中，南蛮王孟获举兵十万准备谋反。诸葛亮率领人马迎敌，并运用自己的智慧，战胜了孟获。但诸葛亮认为用兵之道，攻心为上，攻城为下，为了让孟获真心臣服，抓了孟获七次，又放了他七次。最后，孟获输得心服口服，十分敬佩诸葛亮，决定不再与蜀汉为敌。

第 3 篇

乌纱帽与皇冠

　　从前，有个**德高望重**的大官，他在外面**呼风唤雨**，什么都不怕，但是唯独怕自己的妻子。有一天，他的乌纱帽被妻子踩破了，他**忍无可忍**，在家却不敢说什么。隔天，他在早朝时，满腹委屈地向皇帝报告："臣妻**骄横**（hèng）**跋扈**（hù），昨日稍有口角（jué），她竟踩破臣的乌纱帽！"

　　这位大官以为皇帝会**仗义执言**，给他的妻子一些惩罚。没想到皇帝神色慌张，把他偷偷地拉到一边，小声说："皇后最近的心情也不好，与朕**一言不合**就**大发雷霆**，昨天，还把朕的皇冠打得粉碎！比起朕的皇冠，你的乌纱帽算得了什么！请你多多保重，**相**（xiāng）**忍为国**吧！"

 成语意思 猜一猜

1. ＿＿＿＿＿＿：比喻能够支配自然或社会的非凡的本领。
　　　　　　　　　有时也比喻煽动性极强的活动。

2. ＿＿＿＿＿＿：形容骄傲放肆，目中无人。

3. ＿＿＿＿＿＿：说一句话就不投机。比喻个性不相契（qì）合。

4. _____：道德高尚，声望很大。多用于称颂年长而名望高的人。

5. _____：主持正义，说公道话。

6. _____：为国家利益而克制、忍让。

7. _____：忍受到再也不能忍受的地步。形容忍耐已达到了极限。

8. _____：比喻大发脾气，高声训斥。

成语运用 猜一猜

1. 他们俩（liǎ）平时意见不合，但在出席国际会议时，还是_____，合作无间。

2. 李叔叔与张叔叔个性不合，常常_____就吵起架来。

3. 孙悟空纵有_____的本事，也难逃出如来佛祖的掌心。

4. 陈奶奶常常对看不惯的事_____，大家都很敬佩她。

5. 这个_____的流氓被警察抓走了，真是大快人心。

6. 桥梁专家龚老先生_____，深受大家爱戴。

7. 陈秀才_____，嚷道："人命关天，怎随便将我的家人杀害了？"

8. 我们已经被逼得_____，才决定还击，以求自卫。

第 4 篇
隐 身 术

从前有个人常常面临**缺衣无食**的窘（jiǒng）境，他整日**挖空心思**地想着怎样让自己成为**堆金积玉**的富翁。

他听人说，只要找到一片螳螂藏身的叶子，就可以隐身。**他信以为真**，在树上待了好几天，终于找到了这样一片叶子。可是风把叶子吹到了地上，分不清是哪一片。他只好把所有的叶子都带走，一片片放在身上，不停地问夫人："你看得到我吗？"夫人又倦又累，最后，没好气地回答："看不见啦！"

第二天，他很高兴地拿着这片树叶到市集去**大显神通**，**大模**（mú）**大样**地拿走商贩的东西，结果被商贩扭送到衙门。

 成语意思
猜一猜

1.＿＿＿＿＿＿：形容费尽心机。多含贬义。

2.＿＿＿＿＿＿：缺乏衣食。形容非常贫困。

3.＿＿＿＿＿＿：形容财富很多。

4.＿＿＿＿＿＿：相信是真的。多指未加验证，把谎言、假
象等当作是真的。

5.＿＿＿＿＿＿：充分显示出奇的本领。

6. ＿＿＿＿＿＿＿＿＿：形容傲慢自大、旁若无人的样子。

 成语运用
猜一猜

1. 老王曾过了很长一段＿＿＿＿＿＿＿＿＿的艰苦日子，后来，他发愤图强，成了白手起家的商界强人。

2. 那些＿＿＿＿＿＿＿＿＿偷税漏税的商人终于受到了处罚。

3. 对于电视上各种减肥广告，她常常＿＿＿＿＿＿＿＿＿，所以花了不少冤枉钱。

4. 已经上课很久了，他才＿＿＿＿＿＿＿＿＿地走进教室，大家都觉得很奇怪。

5. 大多数人既向往＿＿＿＿＿＿＿＿＿的生活，又希望自身的价值能得到充分的体现。

6. 现在正是孙悟空＿＿＿＿＿＿＿＿＿的好时机。

 成语万事通

"衣食无忧"与"缺衣少食"

衣食家族的成语可多了。表示"衣食无忧"，形容生活富裕的成语有"丰衣足食""丰衣美食""锦衣玉食""暖衣饱食"等。表示"缺衣少食"，形容生活困苦的成语有"衣食不周""衣单食缺""衣单食薄"等。

第 5 篇

急 性 子

从前，有一对孪生兄弟，哥哥个性急，仿佛急惊风，总是**操之过急**；弟弟就像个慢郎中，做事慢慢吞吞。

有一天，两兄弟在餐厅吃饭，哥哥看到弟弟穿了一双新鞋子，就问："你花了多少钱啊？"弟弟慢慢地抬起一只脚说："九十块。"一听到九十块，个性急躁的哥哥**火烧眉毛**似的冲到隔壁鞋店，找鞋店老板理论。他龇（zī）牙咧（liě）嘴，一把揪住鞋店老板，**怒气冲天**地问："你这个**老奸巨猾**的家伙，我弟弟买的鞋只要九十块，为什么卖给我一百八十块？"没等老板解释，他就把老板打了一顿。

等到哥哥十分满足地回到餐厅，弟弟看了哥哥一眼，**慢条斯理**地抬起另一只脚说："这一只，也是九十块。"

成语意思 猜一猜

1. _____：形容疼痛难忍或凶狠的样子。

2. _____：愤怒的情绪直冲天际。形容极其愤怒。

3. _____：比喻情势非常急迫。

4. _____：办事过于急躁。

5. ＿＿＿＿＿＿＿＿：形容说话或做事缓慢、不慌不忙。

6. ＿＿＿＿＿＿＿＿：形容人老于世故，极为奸诈狡猾。

成语运用 猜一猜

1. 个性温和的他，面对＿＿＿＿＿＿＿＿的对手，竟然完全不留情面。

2. 他做事总是不急不慌、＿＿＿＿＿＿＿＿的。

3. 路边的野狗＿＿＿＿＿＿＿＿，发出汪汪的叫声，把妹妹吓哭了。

4. 处理事情要有步骤有条理，切不可＿＿＿＿＿＿＿＿，否则会事与愿违。

5. 老师看到小林又没完成作业，不禁＿＿＿＿＿＿＿＿。

6. 老王做事总是不紧不慢，哪怕遇到＿＿＿＿＿＿＿＿的大事，也还是一副慢吞吞的样子，让人看了着急。

成语 万事通

成语中的"快"与"慢"

有人做事速度特别快。比如，看书快，我们说他"一目十行"；吃饭快，可以说"狼吞虎咽"；走路快，可以用"风驰电掣""日行千里""一日千里"来形容。如果是办事快呢？我们可以说他"雷厉风行"。有人"慢条斯理"，说话做事速度特别慢。比如，步行缓慢，我们可以说他"鹅行鸭步""蜗行牛步"。

第 6 篇

惯 例

　　有一位县官刚上任，百姓家家庆贺，连续几天**锣鼓喧天**，县官家中也是**宾客盈门**。每当一个节目结束时，就有人带头大声喊着："灾星去了，福星来了！"

　　百姓的喊叫声**整齐划一**，让县官听得**心花怒放**，心想："这些百姓对我真好，把前任县官骂作灾星，把我看成福星。"他转头问身边的军师："这**送旧迎新**的词写得真好，不知道是谁想到的呢？"

　　军师**必恭必敬**地回答："这是流传好几年的词了，只要有新官上任，他们都会这样喊。等您卸任，他们也会照样喊给新县官听。"

成语意思
猜一猜

1.＿＿＿＿＿＿＿：心里高兴得像花儿一样。形容极其高兴。

2.＿＿＿＿＿＿＿：客人充满门庭。指来客很多。

3.＿＿＿＿＿＿＿：协调一致，很有次序。

4.＿＿＿＿＿＿＿：敲锣、打鼓的声音响彻天空。形容激烈搏斗或热烈喜庆的景象。

5. _____：送走旧的，迎来新的。

6. _____：形容十分恭敬有礼貌。

 成语运用 猜一猜

1. 街头_____，人们正在庆祝我国奥运健儿的胜利。

2. 除夕夜，全球华人按照中国的风俗习惯开展各种庆祝活动，以示_____。

3. 赛场上，花游选手们动作_____，来宾无不拍手叫好。

4. 他听了这个消息，高兴得_____。

5. 小杰爸爸要求他对长辈_____。

6. 迎亲车队纷纷停在天马国际大酒店门口，_____，好不热闹！

 成语 万事通

县官上任那些事儿

　　古语说得好，"新官上任三把火"！这是讲古时县官上任时，开始履新有劲头，必先做几件事。如，拜庙上香：孔庙、关帝庙、文昌庙、城隍庙必拜，以示尊儒崇道。清点仓库：粮库、物料库都得核对清楚。巡查监狱、视察城防，维护县民安全。照簿对册：查对记载官员侍从等的名册，以掌握人事资料。出题考试：亲自出考题一份，以了解当下考生程度，便于日后征选人才。拜访乡绅：接近地方人士，便于县府开展工作。

第 7 篇

小 气

王先生的父亲生病过世，按照**慎终追远**的传统习俗，丧（sāng）家要找道士超度亡魂。

王先生是个**锱铢**（zī zhū）**必较**的人，从来不想多花钱。他本来想自己处理，但毕竟**独木难支**，所以找到一位收费最低的念经道士，原本费用一千元，经过王先生**七折八扣**，硬是把价格杀到八百。

道士念着："请魂上东天啊，上东天……"王先生问："为什么是上东天，不是上西天？"道士说："八百元只能上东天，上西天要一千元。"王先生只好赶紧再掏钱，请道士重新念经。道士重新念："请魂上西天啊，上西天……"

这时，棺材里隐约传来王先生父亲埋怨（mán yuàn）的声音："你这个忤（wǔ）**逆不孝**之子，为了区区两百块，害得我**东跑西颠**！我会**含恨九泉**的！"

成语意思
猜一猜

1.＿＿＿＿＿＿＿＿：很少的钱财或很小的事情也要计较。形容非常吝啬或气量很小。也形容办事认真，一丝不苟。

2._____：一根木头难以支撑。比喻危急的局面凭一个人的力量很难挽救。也比喻艰巨的任务不是一个人所能胜任的。

3._____：一再打折扣除。指以各种名目从总数中扣除或减少，使数量削减很多。

4._____：旧指慎重地办理父母丧事，虔诚地祭祀远代祖先。后也指谨慎从事，追念前贤。

5._____：不服从和孝敬父母。

6._____：指抱怨而死，在地下还带着怨恨。

7._____：比喻到处奔走。

成语运用
猜一猜

1. 祭祖活动是为了表达_____、敬爱祖先的心意。

2. 这件事情必须靠大家团结合作，一个人能力再大，也_____。

3. 你对人总是_____，怎么能期待别人对你大方呢？

4. 他这个小气的人，说好给别人酬劳，却_____，只肯给一半。

5. 中国人讲究"百善孝为先"，_____的人是没有资格做官的。

6. 项羽在乌江边兵败自杀，一代英雄_____。

7. 这些年我经常_____的，没有安安稳稳地在一个地方生活。

第 8 篇

老天爷的帮忙

学校的老师发现学生在考试时常会"**互通有无**",彼此交换答案。虽然校规严禁这种**投机取巧**的行为,但"**道高一尺,魔高一丈**"。因此,解决考试作弊的问题**迫在眉睫**(jié)。

刘老师觉得条文约束不如学生自己内心自省(xǐng)。他在考试结束时,要学生签署(qiān shǔ)一份声明,表示考试时,没有接受别人帮忙,考卷全是自己完成的。所有学生都交出声明,只有一位学生**迟疑不决**,非常为难。问他怎么一回事,这位学生说:"我在考试时,曾祈(qí)求老天爷帮忙,我不知道该不该签……"刘老师看了看这个学生的答卷,然后说:"你签吧,老天爷只会**作壁上观**。"

成语意思
猜一猜

1.＿＿＿＿＿＿＿＿＿＿＿＿:比喻一方的力量更高过另一方。

2.＿＿＿＿＿＿＿＿:利用时机,以巧妙的手段达到某种目的或牟取不正当的利益。

3.＿＿＿＿＿＿＿＿:指商品交换或互相支援,调剂余缺。

4.＿＿＿＿＿＿＿＿:犹豫而没有做出决定。

5.＿＿＿＿＿＿＿＿:形容事情已逼近眼前,情势非常紧迫。

6._____：在营垒上观看别人交战。比喻置身事外，
　　　　　　　　　　坐观成败。

1. 遇事_____，往往会错过时机。

2. 爸妈常告诉我们，做事要踏踏实实，不要考虑_____
　　_____的旁门左道。

3. 虽然有关部门竭力防范网络诈骗案的发生，但是犯罪分子
　　愈来愈狡猾。真是_____。

4. 我和同学彼此_____，合作无间。

5. 近几日山东多地将出现强降雨天气，抢灾救灾工作_____
　　_____。

6. 同学有什么困难，你应该极力帮助，而不应采取_____
　　_____的态度。

 成语 万事通

为什么说"道高一尺，魔高一丈"？

　　"道高一尺，魔高一丈"中"道"是指正气；"魔"是指邪气。
说的是修行的功夫每增高一尺，魔罗所设的障碍就会增高一丈。
原是告诫修行者警惕外界的诱惑。现在也用来表示邪恶的事物抵
不过正义的事物，即一尺的道需要以一丈的魔来抵消，以此证明道
的强大。后世哲学又认为，道这一尺必须压在魔这一丈之上，谓之
邪不胜正，比喻为正义而奋斗，必定会受到反动势力的巨大压力。

02

第二单元

第 9 篇

正合你意

两个同事一起吃饭，桌上有两条鱼，一大一小。张先生**先下手为强**，把大鱼吃了，李先生抱怨说："多么**不达时务**啊！"

"这话怎么说？"张先生**明知故问**。

"如果我是你，就不这么做。"李先生**正颜厉色**地说。

"你会怎么做？"张先生**笑骂从汝**（rǔ），装起糊涂来。

李先生一副**正气凛然**的样子，说："我当然是**礼让三分**，先吃那条小的。"

张先生狡黠（xiá）一笑，**反唇相讥**："这不正合你意吗？还抱怨什么，那条小鱼现在不是还在那里吗？"

1. _____：受到指责后不服气而反过来讽刺对方。

2. _____：在对手没有准备好的时候首先动手，取得主动地位。

3. _____：神情非常严厉。

4. _____：指不认识当前重要的事态和时代的潮流。现也指待人接物不知趣。

5. _____：我行我素，不顾及他人的笑骂。

6._____：形容言行光明正大而令人敬畏。

7._____：明明知道，故意问人。

 成语运用 猜一猜

1.我走自己的路，_____吧。

2.看到爸爸_____地教训哥哥，我就知道哥哥肯定惹祸了。

3.现在是新时代了，世界日新月异，未来瞬息万变，你不要____
_____了。

4.桌上的糕点被弟弟_____，一扫而空。

5.你心里什么都清楚，就不要_____了。

6.在狱中，面对敌人的严刑和诱降，他_____，坚贞不屈。

7.在讨论会上，听着他滔滔不绝地发表谬论，我禁不住_____
_____，与他展开了舌战。

成语 万事通

"笑骂从汝"的邓绾（wǎn）

　　北宋时期，王安石推行新法，邓绾想巴结王安石就上书宋神宗赵顼（xū），露骨地吹捧王安石等人像伊尹、吕尚一样，推行青苗法、免役法深得人心。王安石将他推荐给宋神宗，神宗召见邓绾，邓绾却说不认识王安石，以示无私情。而下朝见到王安石，又装得非常亲热，因而博得官职。别人笑骂他，他却厚着脸说："笑骂随你们，好官还要我来做。"

第 10 篇
甘愿一死

从前有个皇帝喜欢弹琴，希望宫廷处处**一片宫商**。他也经常心痒难耐地弹琴给别人听。可是他的琴艺实在不好，只要他一弹琴，满朝文武官员和后宫那些**环肥燕瘦**的佳丽，马上露出**苦不堪（kān）言**的神情。

看到身边的人这种表现，皇帝总在心中感叹："这偌（ruò）大的皇宫，怎么找不到一个**意气相投**的人哪！"有一次，一个死囚犯被送到皇帝面前问话。皇帝说："我弹琴给你听，只要你说出**肺腑之言**，由衷地赞美我弹得好，我可免你一死，我绝不**食言而肥**。"

没想到，皇帝才弹了一小段，这个死囚犯马上捂住耳朵，跪地求饶："我认罪了，陛下，求求您别弹了，我甘愿一死！"

 成语意思
猜一猜

1._____：志趣和性格相投合。

2._____：形容女子体态不同，各有风韵。也比喻文艺作品风格不同而各有所长。

3._____：形容痛苦到了无法用语言来表达的地步。

4. _____：指和谐悦耳、四处洋溢的乐声。也形容文
辞如乐声一般优美悦耳。

5. _____：指发自内心的真诚的话。

6. _____：比喻言而无信，说话不算数。

 成语运用
猜一猜

1. 你总是说话不算话，如此_____，实在令人讨厌。

2. 这几幅仕女图都是精品，_____，各擅其美。

3. 他们夫妻二人门当户对，_____，时常唱和（hè）
诗词，有着说不尽的喜悦。

4. 听众沉迷在国乐大师营造的_____之中。

5. 王校长在台上东拉西扯地讲了两三个小时，弄得大家_____
_____。

6. 她的一席_____，感动了在座的所有听众。

成语 万事通 ------

环肥燕瘦

传说汉朝人喜欢身材纤瘦的女人，汉成帝皇后赵飞燕身轻
如燕，舞姿曼妙，集三千宠爱于一身。

唐朝人则喜欢体态丰腴（yú）的女人，唐朝第一美人杨贵
妃身材就很丰满。根据野史记载，杨贵妃体重约 138 斤，却深
得唐玄宗宠爱。苏轼曾写下"短长肥瘦各有态，玉环飞燕谁敢
憎"的诗句，就是以这两位美女身材的对比，来比喻书法作品
的风格。"**环肥燕瘦**"因此变成了家喻户晓的成语了。

第 11 篇

真的是一家人

丁太太是个**心高气傲**的人，她不但**固执己见**，而且常常**得理不饶人**。在她的**耳濡（rú）目染**之下，她儿子的个性也变得与她接近，喜欢**钻牛角尖**，**睚眦（yá zì）必报**。

一天，丁太太正要煮晚餐，发现米缸空了，就叫儿子出去买米。没想到儿子去了一个多小时还没回来。丁太太忍不住出去找他，在狭窄的巷子口，她看到儿子正跟一个人面对面站着。原来那个人不肯让路，儿子也不肯退让，两人就这样**相持不下**。

丁太太气呼呼地说：“你去买米，我替你站着，看看最后谁得让路！”

1._____：因经常听到看到而不知不觉受到影响。

2._____：比喻人固执而不知变通，费力地研究无用或无法解决的问题。

3._____：自以为高人一等，态度傲慢。也指人要强好胜，不肯屈居人下。

4. _____：坚持自己的看法，不肯改变。

5. _____：双方坚持对抗，互不退让，分不出胜负。

6. _____：形容人心胸狭窄，度量小。

成语运用
猜一猜

1. 父母都喜欢看书，她从小_____，也成了一个爱书人。

2. 在一条狭窄的小路上，两位驾驶员_____，不肯退让，所以造成堵车。

3. 问题已经解决了，你又何必_____呢？

4. 刘明_____，常常觉得谁都不如他聪明。

5. 聪明人随机应变，愚蠢者_____。

6. 冤冤相报何时了，_____只能使矛盾激化。

成语 万事通

"睚眦必报"的出处

"睚眦必报"说的是战国时期，魏国人范雎，因事在国内不能立足，被逐出国境。后在秦国得意，成了有财有势的大人物。他认为是时候算算旧账了。于是对从前给过他恩惠的人，虽然所施之恩惠只是给他吃一顿饭，范雎也重重酬谢。而从前对他有嫌怨的人，虽然嫌怨的程度只是张目怒视了他一下，他也不放过。

第 12 篇

送 匾

阿中和阿浩是**声气相投**的朋友，开起玩笑来却常常**针锋相对**。

最近，两人一起准备考试，阿中自信满满地说，自己这次一定**金榜题名**。阿浩问："你怎么知道呢？"阿中说："我做了一个梦，梦见**五星连珠**的景象，还有一队人**敲锣打鼓**地到我家送一块匾。这么盛大的排场，一定是暗示好事将至，可惜我没看到匾额上的字！"

阿浩**赞叹不已**，附和（hè）道："对呀对呀，我也做了你这个梦，是有人给你送匾，我还看到匾额上面的字。"这时候，轮到阿中觉得惊讶了，他赶紧问上面写些什么。

"上面就写着'**岂有此理**'。"阿浩一脸平静地说。

成语意思 猜一猜

1.＿＿＿＿＿＿：比喻双方的观点、行动等尖锐对立。

2.＿＿＿＿＿＿：彼此志同道合，志趣相同。

3.＿＿＿＿＿＿：指在庆贺或玩乐时敲打锣鼓，营造热闹喜庆的氛围。

4. _____：连声赞叹不止。

5. _____：指考试被录取。

6. _____：哪有这样的道理。多用于对自认为荒谬、不合理的事情表示驳斥或愤慨。

 成语运用
猜一猜

1. 他们俩个性不合，说话常常_____，每次见面都不欢而散。

2. 人们披红挂绿、_____地欢送他们这批光荣参军的小伙子们。

3. 长江三峡无比雄伟壮丽，游人看后_____。

4. 你们一个爱唱歌，一个爱听歌，真是_____的好伙伴。

5. 经历了十年寒窗苦读，祝愿你在今年的高考中_____。

6. _____！你怎么能用这样差的态度对待老师呢？

成语 万事通

为什么是"金"榜题名？

金榜是指科举时代公布殿试录取者的黄榜，因用黄纸书写，故而称"金榜"。考中进士就称"**金榜题名**"。中国传统文化中还讲"四喜"，即"久旱逢甘霖，他乡遇故知，洞房花烛夜，金榜题名时"，其中"金榜题名时"便是人生四大喜事之一。

第 13 篇

穷秀才

传说阴间有个**铁面无私**的阎王,人死了以后,都要到他那报到。阎王会根据一个人一生的功过**盖棺**(guān)**论定**,做最公平的处置。

有个刚去世的人,来到阎王面前报到。阎王一边翻阅功过簿(bù),一边摇头说:"你这辈子**酒池肉林**,**罪孽**(niè)**深重**,下辈子要好好赎(shú)罪。我判你来生当个秀才,还要养六个儿子!"

小鬼听到这个**恶贯满盈**的人来生居然能当秀才,还有那么多孩子,觉得**迷惑不解**:"他不是坏人吗?怎么能得到这样的好报呀!"阎王说:"正是因为他罪孽深,我才要判他做穷秀才,为了养六个孩子,一生会忙得**席不暇**(xiá)**暖**。"

成语意思
猜一猜

1.＿＿＿＿＿＿＿：形容生活极为奢侈。

2.＿＿＿＿＿＿＿：指人的是非功过只有死后才能做出结论。

3.＿＿＿＿＿＿＿：不讲情面,公正严明。

4.＿＿＿＿＿＿＿：对某事非常疑惑,很不理解。

5. ＿＿＿＿＿＿＿＿＿：指罪恶极大。

6. ＿＿＿＿＿＿＿＿＿：形容奔波忙碌，没有坐下的工夫。

7. ＿＿＿＿＿＿＿＿＿：作恶极多，好像穿线的绳子已经穿满了一样。

 成语运用
猜一猜

1. 她做事十分公正，处理事情＿＿＿＿＿＿＿＿＿，怪不得有"铁娘子"的称号。

2. 历史上有些皇帝不理朝政，过着＿＿＿＿＿＿＿＿＿的生活，夜夜笙歌，最后大多下场凄惨。

3. 这个＿＿＿＿＿＿＿＿＿的罪犯，临死前终于大彻大悟，决定捐献自己的器官。

4. 整件事情已经＿＿＿＿＿＿＿＿＿，大家就不要再追究了。

5. 他为了养家糊口而身兼数职，从早到晚忙得＿＿＿＿＿＿＿＿＿。

6. 我把他的文章读了又读，但对他的意图仍＿＿＿＿＿＿＿＿＿。

7. 这个汉奸自知＿＿＿＿＿＿＿＿＿，难逃惩处，便自尽了。

成语 万事通

商纣王的"酒池肉林"

"酒池肉林"说的是商朝的末代帝王商纣王。据记载他曾下令在沙丘平台用酒装满池子，把各种动物的肉割成一大块、一大块挂在树林里，以便一边游玩，一边随意吃喝。同时又叫裸体男女互相追逐嬉戏。他这样荒淫腐化，不理朝政，最终导致商代的灭亡。后人常用这个成语来形容生活奢侈、纵欲无度。

第 14 篇

吹 牛

　　阿康爱吹牛，常跟别人说家中有两种**妙不可言**的动物：一头**日行千里**的牛，还有一条**识文断字**的狗。县官听说了就想察看个究竟。

　　阿康慌了，谎话若被拆穿，岂不要在众人面前**丢人现眼**，他**郁郁寡欢**，回到家里把事情告诉妻子。妻子说："不要紧，明天你到外头去，我来应付。"

　　第二天，县官果然来了。妻子谎称丈夫一早就去邻近县城了，中午才能回来。县官问："邻近县城离这里有几百里，怎么能这么快来回？"妻子说："喔，他骑着我们家的牛去的。"县官想看那只会读书识字的狗，女主人面露难色："不好意思，因为家中囊（náng）**空如洗**，所以那只狗到外地教书去了。"

 **成语意思**
猜一猜

1.＿＿＿＿＿＿＿：郁闷而不快乐。

2.＿＿＿＿＿＿＿：能识字，有一定的文化。

3.＿＿＿＿＿＿＿：丢脸，出丑。

4.＿＿＿＿＿＿＿：美妙得无法用语言来表达。

5.＿＿＿＿＿＿＿：口袋里空空的，像水洗过一样。形容一点
　　　　　　　　　钱也没有。

6.＿＿＿＿＿＿＿：形容速度惊人。

成语运用
猜一猜

1. 去百货公司购物后，她笑称自己已经＿＿＿＿＿＿＿＿＿＿，成
　 为一个穷光蛋了。

2. 虽然歌声不佳，但他不怕＿＿＿＿＿＿＿＿＿＿，滑稽（jī）的
　 表演总让大家哈哈大笑。

3. 王同学写的文章＿＿＿＿＿＿＿，妙笔生花，让我自愧不如！

4. 他刚刚还嘻嘻哈哈的，现在怎么＿＿＿＿＿＿＿＿＿，什么话
　 也不肯说。

5. 外公读过私塾，从小就教我＿＿＿＿＿＿＿＿。

6. 经过一段时间的精心喂养，这匹马果然能＿＿＿＿＿＿＿了。

成语 万事通

真的有"日行千里"的马吗？

　　古往今来，著名的好马有：吕布的赤兔马，刘备的卢马，
项羽的楚骓（zhuī）马，赵云的玉兰白龙驹，曹操的绝影，等。
这些马真有能"日行千里"的吗？其实，马只能日行一百五十
公里左右，最多日行两三百公里。千里马原指善跑、耐力持久
的骏马，现在常用来比喻有才干的人才。

第 15 篇

迷 信

　　老王做事**规行矩步**，凡事喜欢**求神问卜**（bǔ），遇到大大小小的事情，都要先请教风水先生。如果没有风水先生的占卜预测，他就会**疑神疑鬼**，担心会有不好的结果。

　　一天，他看到占卜的内容是"本日将有大凶"，心情顿时沉重得**如丧考妣**（bǐ）。哪儿也不敢去，只在院子里走一走。当他坐在椅子上休息时，忽然一阵巨响令人**惊心骇瞩**（hài zhǔ），原本坚固的围墙，顷刻间**土崩瓦解**，把他压在下面。

　　家人**惊恐万状**，呼唤**左邻右舍**来救他。他虽然被**断瓦残垣**（yuán）压得**痛入骨髓**（suǐ），却急忙阻止大家说："别动手，请风水先生先卜个卦，看看今天适不适合动土。"

成语意思
猜一猜

1. ＿＿＿＿＿＿：形容建筑物倒塌残破的景象。

2. ＿＿＿＿＿＿：看到后内心感到震惊。

3. ＿＿＿＿＿＿：好像死了父母那样。形容极其悲伤或痛惜。

4. ＿＿＿＿＿＿：形容人多疑。

5. ＿＿＿＿＿＿：疼痛深入到骨髓里。多形容悲怨到了极点。

6. _____：迷信的人遇有疑难，求神鬼帮助，或靠卜卦解决。

7. _____：比喻墨守成规，不知变通。

8. _____：惊慌恐惧到了极点。

9. _____：像土崩塌，像瓦碎裂。形容彻底崩溃。

10. _____：泛指周边的邻居。

成语运用
猜一猜

1. 三十个人身陷矿坑，生死未卜，真是一件令人_____的事。

2. 宋襄公不但没当上霸主，反而被楚国人捉弄一场，怨恨之情_____。

3. 丢了钱的守财奴呼天抢地，_____哭个不停。

4. 平时不肯努力的人，再怎么_____，也是没有用的。

5. 看到圆明园的_____，每个人都对列强充满了愤恨。

6. 我父亲总是_____，怕被人抢劫。

7. 小王为人刻板，干什么事都_____。

8. 这个害人不浅的犯罪团伙终于_____，并被绳之以法，真是大快人心。

9. 我军突然发动袭击，日军_____，乱作一团。

10. 他在家里养了一条狗，一天到晚叫得_____都不得安宁。

第 16 篇

不识一丁的财主

有个**不识一丁**的财主，因为不识字，总是弄错别人的意思，常常闹得笑话百出。

有一次，他叔叔想跟他借一头牛，写了一封信派人交给他。财主正在跟朋友**促膝谈心**，他**装模（mú）作样**地看了看那一封信，对叔叔派来的人说："我知道了，你捎话回复他，我等一会儿就去。"

还有一次，他牵着小狗到公园散步，有人提醒他："这公园入口处有个告示牌，写着'不能带宠物进来'，你怎么**明知故犯**，把狗带了进来？"他被说得**面红耳赤**，只好**嗫（niè）嚅（rú）嚅**地说："真抱歉，这狗才一岁，没有读过书，所以看不懂告示牌。"

 成语意思 猜一猜

1.＿＿＿＿＿＿：指人不认识一个字，没有文化。

2.＿＿＿＿＿＿：两人面对面靠近坐着谈心里话。形容关系亲密，倾心而谈。

3.＿＿＿＿＿＿：故意装出某种姿态给人看。

4. _____：明明知道不对，还故意去做或故意违犯。

5. _____：形容因激动、羞愧、过分用力等而面部充血涨红的样子。

6. _____：想说，但又不痛快地说。形容说话有顾虑。

成语运用
猜一猜

1. 考试不得偷看别人答卷，他_____，所以被驱逐出考场。

2. 他们总是为一件小事争辩得_____。

3. 老师进来了，他收起游戏机，_____地写作业。

4. 村里很多人_____，家信都得请外人写。

5. 他们已多年未见，所以很珍惜这次_____的机会。

6. 警察问他作案的动机，他_____不敢大声回答。

成语 万事通

含有色彩的成语

　　让我们来看看这些"五颜六色"的成语吧！含有一种颜色成语有"赤胆忠心""黄粱美梦""绿草如茵""青梅竹马""蓝田生玉""紫气东来"等。含有两种颜色的成语有"黑白分明""绿水青山""唇红齿白""青黄不接""万紫千红"等。含有三种颜色的成语有"橙黄橘绿""红紫夺朱"等。含有四种颜色的成语有"青红皂白"等。

03

第 17 篇
草 书

　　张先生很喜欢草书，但只是跟老师**临池学书**几个月而已，功夫一点儿都不到家。

　　有一天，他**文思泉涌**，立马跟一旁练字的侄儿借笔，**龙飞凤舞**地写了满满一张纸。他越看越觉得满意，要侄儿把这些诗句背下来。侄儿**默默无言**地看了很久，张先生很开心，以为侄儿正在欣赏自己的**生花妙笔**，没想到侄儿说："伯父，我不认识您的字，请您先读给我听，好吗？"

　　张先生拿过纸张，**抓耳挠**（náo）**腮**看了很久，竟然一个字也不认得。他责备侄儿："看不懂还看那么久！为什么不早一点问？拖到现在，连我自己也忘记写些什么了！"

成语意思
猜一猜

1. ＿＿＿＿＿＿：刻苦练习书法。

2. ＿＿＿＿＿＿：写诗作文时思路像泉水一样喷涌而出。形容文思丰富而敏捷。

3. ＿＿＿＿＿＿：形容书法笔势生动活泼，挥洒自如。有时也形容字迹潦草，使人无法辨认。

4. _____：杰出的写作才能。

5. _____：沉默着不说话。

6. _____：形容着急而又没有办法的样子。也形容高兴而不能自持的样子。

 成语运用
猜一猜

1. 写毛笔字能修身养性，他决定拜师学艺，_____。

2. 墙上挂着的四幅草书写得_____，让我赞叹不已。

3. 听了这段音乐，她_____，立刻提起笔来，写了一篇散文。

4. 铃声响了，我还有一道题没做，急得我_____。

5. 刚失业的叔叔_____地坐在角落中，目光忧郁。

6. 读了曹文轩的几部作品，我不禁感慨他的_____。

 成语 万事通

草圣张芝

"临池学书"讲的是书法家张芝的有名轶（yì）事。据《后汉书·张芝传》记载："（张芝）尤好草书，学崔、杜之法，家之衣帛，必书而后练。临池学书，水为之黑。"意思是说张芝是用布帛代纸，写满字后就拿到池塘漂洗，晒干再用。长年累月，那一大口清澈的池塘竟染成了黑色。张芝通过不懈努力，终于获得"东汉草圣"的美名。

第 18 篇
换鞋子

　　李先生总是**糊里糊涂**的，常常因**无事生非**给自己带来许多困扰，让朋友也**无计可施**。

　　有一天，李先生跟一群朋友相约登山，他自己却**姗姗来迟**，朋友本来想数落他一番，但看他脸色发青，似乎很不舒服，就问他怎么一回事。

　　李先生说："真奇怪，今天我的腿变得一长一短，走路真不舒服。"大家低头一看，对李先生说："你怎么穿两只不同的鞋子呢？这怎么能爬山哪？"

　　隔了好一会儿，李先生**气喘如牛**地跑回来，脚上的鞋子还是一高一低。还没等朋友开口询问，他**大惑不解**地说："我换过鞋子了，但为什么家里的两只鞋也是一高一低的呢？"

1. ＿＿＿＿＿＿＿＿：无缘无故找碴儿，故意制造纠纷。

2. ＿＿＿＿＿＿＿＿：形容慢腾腾地来晚了。

3. ＿＿＿＿＿＿＿＿：没有计策可以施展。指没有应付的办法。

4. ＿＿＿＿＿＿＿＿：认识模糊，不明事理。也形容思想处于模糊不清的状态。

5. _____：像牛那样大口喘气。形容呼吸急促。

6. _____：感到非常困惑，不能理解。

 成语运用
猜一猜

1. 王小丫_____的，又一次带错了作业本。

2. 大家苦等了一小时，她才_____。

3. 他们都已经握手言和了，你为什么要_____，引发事端呢？

4. 他_____地跑过来向我报告情况。

5. 如果每个干部都能廉洁自律，行贿者也就_____了。

6. 你一会儿这样说，一会儿那样说，实在让人_____。

成语 万事通

成语世界里的"牛"

　　牛是一种哺乳动物。它们身体大，力气大，趾端有蹄，头上长一对角。我国常见的有黄牛、水牛、牦牛等。"牛"常被用来形容固执、骄傲，或者本领大、实力强。

　　和"牛"相关的成语有不少。比如："牛郎织女""牛刀小试""庖丁解牛""对牛弹琴""九牛一毛"等。除了这些四个字的成语外，还有一些六个字和七个字的"牛"成语呢！比如："风马牛不相及""牛头不对马嘴""初生牛犊不怕虎""杀鸡焉用牛刀"等。

第 19 篇

溺（nì）爱

大诚从小对儿子**百依百顺**，**娇生惯养**的儿子变得**飞扬跋扈（bá hù）**。虽然家人都提醒他不能再这样溺爱孩子，但是大诚对这些话**充耳不闻**。

有一天，大诚回家，看到儿子**抽抽搭搭**地跪在饭桌旁，他问孩子的奶奶，儿子到底犯了什么错。孩子奶奶**疾言厉色**地说："以前生活苦，大家都是过着**晚食当（dàng）肉**的日子，这孩子却把食物当玩具，真是**暴殄（tiǎn）天物**！该罚！"

听完孩子奶奶的话，大诚**缄（jiān）口不言**，也跪在饭桌旁。看到他奇怪的行为，孩子的奶奶问他怎么回事，大诚说："你罚我的儿子，我也要罚你的儿子。"

成语意思猜一猜

1._____：原意为豪放高傲，不受约束。后形容骄横放纵。

2._____：对别人的话或外界的事不予理睬。

3._____：饿了再吃，味道就像吃肉一样。后泛指不热衷名利。

4._____：从小被宠爱、被纵容，在溺爱中长大。

5. ＿＿＿＿＿＿＿＿＿＿：指残害灭绝万物。也指不爱惜自然所赐，任意糟蹋东西。

6. ＿＿＿＿＿＿＿＿＿＿：闭口不说话。指因理亏或害怕而说不出话来。

7. ＿＿＿＿＿＿＿＿＿＿：形容低声哭泣。

8. ＿＿＿＿＿＿＿＿＿＿：说话急躁，神色严厉。形容说话时发怒的样子。

9. ＿＿＿＿＿＿＿＿＿＿：事事都顺从，毫不违背。

成语运用
猜一猜

1. 看了他糟糕的成绩，妈妈没有＿＿＿＿＿＿＿＿＿＿地批评他，而是耐心地鼓励他，争取下次取得好成绩。

2. 事业刚起步，认真工作的他总是＿＿＿＿＿＿＿＿＿＿，完全不在乎享受。

3. 路人对他的呼救＿＿＿＿＿＿＿＿＿＿，这使他绝望至极。

4. 老板那种傲气十足、＿＿＿＿＿＿＿＿＿＿的样子真令人厌恶。

5. 她从小就＿＿＿＿＿＿＿＿＿＿，什么事都不会做。

6. 你把刚吃了一口的汉堡扔了，真是＿＿＿＿＿＿＿＿＿＿。

7. 如果爸爸妈妈对你＿＿＿＿＿＿＿＿＿＿，甚至不讲原则，那么这会害了你的。

8. 直言贾（gǔ）祸在历史上屡见不鲜，因此，明哲保身的人大都＿＿＿＿＿＿＿＿＿＿。

9. 老师误解了小明，小明感到委屈，＿＿＿＿＿＿＿＿＿＿地哭了。

第 20 篇
岂有此理

阿东是个**鄙俚浅陋**的人，不懂得**待人接物**的道理，常闹笑话。他**痛定思痛**，于是向秀才请教怎样说话得（dé）体。秀才说："你就留在我身边看我怎样跟别人说话！"不久，就有人登门拜访，秀才问："先生贵姓？""敝姓张。"秀才又问："是弓长张，还是立早章？"

阿东**豁然省悟**（huò rán xǐng wù），原来，问别人姓氏时，要这么问呀！

第二天，阿东家也来了客人，他学着秀才的样子问："先生贵姓？""姓李。"阿东又问："是弓长李，还是立早李？"那人被问得**云里雾里**，丢下一句"**岂有此理**"就离开了。阿东摇摇头说："岂有此理是哪个'李'呀？"

1. ＿＿＿＿＿＿：与人交往相处。

2. ＿＿＿＿＿＿：痛苦的心情平静以后，回想当时所受的痛苦。含有痛苦不止或吸取教训之意。

3. ＿＿＿＿＿＿：一下子彻底明白了某个道理。

4. ＿＿＿＿＿＿＿＿＿：多形容文章或言谈粗俗浅薄。

5. ＿＿＿＿＿＿＿＿＿：如在云雾之中。形容迷惑不解的样子。

成语运用
猜一猜

1. 经过老师的讲解，他终于＿＿＿＿＿＿＿＿，知道自己为什么失败。

2. 指挥官的一时失误，造成战士死伤无数，他＿＿＿＿＿＿，决定解甲归田。

3. 糕饼师傅训练小学徒，不但要他学会制作糕饼，还要他学习＿＿＿＿＿＿＿＿的道理。

4. 王教授刚脱口而出的专业术语，让大家都听得＿＿＿＿＿＿＿的。

5. 这个男人＿＿＿＿＿＿＿，惹人讨厌。

成语 万事通

"李"字成语知多少？

　　"赵钱孙李"为《百家姓》前四姓。据全国第六次人口普查统计结果显示，中国大陆李姓人口约占全国汉族人口的7.9%。李姓人多，"李"字成语也不少哟！"瓜田李下"泛指容易招致嫌疑的场合。"桃李满天下"形容推荐的人才或培养的学生极多，各地都有。"李代桃僵"指相互替代或代人受过。还有"桃李不言，下自成蹊"比喻为人诚挚，自然会受到人们的尊敬，产生极大的感召力。

第 21 篇

搬 家

林先生家最近搬来两个新邻居，左邻是个铁匠，右邻是个铜匠，整天发出叮叮当当的声音。

为了和气，起初林先生抱着**能忍自安**的态度百般忍耐，但他毕竟年纪大了，夜里总是无法**高枕而卧**。只要有一点点声音，他就会**烦躁不安**，何况是**昼夜不停**的噪声呢！林先生终于忍不住了，他分别拜访这俩新邻居，说只要他们搬家，自己就做东请客。

过了几天，两位新邻居都来报告，说要搬家了。林先生**辗（chǎn）然而笑**，赶紧设**珍馐（xiū）美馔（zhuàn）**招待他们。在**觥（gōng）筹交错**中，林先生问两个人要搬到哪儿。两人**相视而笑**，说："我搬到他家，他搬到我家！"

成语意思猜一猜

1. _____：垫高枕头安心睡觉。形容无所忧虑。

2. _____：能够忍耐，心情自然平静。

3. _____：酒杯和酒筹交互错杂。形容宴饮时的热闹景象。

4. _____：珍贵难得的美味食物。

5. _____：高兴地笑起来。

6. _____：双方互相看着，发出会心的微笑。形容二者
情合意洽的情态。

成语运用
猜一猜

1. 在婚宴上，大家_____，你来我往，情绪十分高涨。

2. 有这种不讲理的邻居，大家只能抱着_____的态
度，希望尽量不起冲突。

3. 成立了互助巡守队后，大家晚上终于能_____，
不必担心小偷作怪了。

4. 老王看到女儿在台上精彩的演出，不禁_____。

5. 那天去三姨家做客，三姨做了一桌子的_____。

6. 他们把各自的想法写下来互阅，不禁_____，原来
双方不谋而合。

成语 万事通

成语各种"笑"

　　人类的笑多种多样，有微笑、大笑、憨笑、傻笑、偷笑、冷笑、
奸笑、淫笑、苦笑、坏笑等。表示大笑的成语如"**捧腹大笑**""**哄
堂大笑**"等，表示苦笑的有"**强颜欢笑**""**哭笑不得**"等，表
示坏笑的有"**皮笑肉不笑**""**笑里藏刀**"等。

第 22 篇

送礼

阿金和老王俩人认识几十年，是老朋友，也是老邻居。两人都是**视财如命**的吝啬（lìn sè）鬼，但为了面子，不得不经常**故作姿态**，互赠对方礼物。

阿金生日那一天，老王"出手阔绰（chuò）"，拿了一个鸡蛋到阿金家。老王说："祝您**福如东海，寿比南山**。我送您一只大肥鸡……只是嫩了一点。"

阿金**一笑置之，不以为意**。

隔了几天，是老王的生日。阿金在自己家后院，砍了几棵青翠的竹子，拱拱手，一本正经地对老王说："祝您生日快乐！您对**炊金馔玉**的美食一定吃腻（nì）了，我送您自己种的竹笋，只是……老了一点。"

现在轮到老王**哑然失笑**了。

两人这般"**礼尚往来**"几十年，倒也培养出一段特殊的感情呢！

1.＿＿＿＿＿＿＿：笑一笑把它放在一边。表示不予理睬。

2.＿＿＿＿＿＿＿：不自觉地笑出声来。

3.＿＿＿＿＿＿＿：寿命像终南山一样长久。

4.＿＿＿＿＿＿＿：不把它放在心上。表示不重视，不在意。

5.＿＿＿＿＿＿＿：烧的财似金，吃的饭如玉。形容生活奢华。

6.＿＿＿＿＿＿＿：形容人的吝啬，把钱财看得如生命一般。

7.＿＿＿＿＿＿＿：在礼节上注重相互之间有来有往。

8.＿＿＿＿＿＿＿：福气像东海之水那样浩瀚无边。

9.＿＿＿＿＿＿＿：故意作出某种样子。指装模作样，并非真
　　　　　　　　心诚意。

1. 那些贪官＿＿＿＿＿＿＿＿＿，挥金如土。

2. 对于别人善意的提醒，他总是＿＿＿＿＿＿＿＿＿，难怪这次
　 会犯这么大的错误。

3. 爷爷生日时，我们祝爷爷＿＿＿＿＿＿＿＿＿、＿＿＿＿＿＿＿＿＿。

4. 一想起卓别林穿着大鞋走路的样子，我不禁＿＿＿＿＿＿＿＿。

5. 老张＿＿＿＿＿＿＿＿，若想要他捐款，真比登天还难。

6. 中国人讲究互赠礼物，喜欢＿＿＿＿＿＿＿＿。

7. 他是个心胸宽广之人，对于一些闲言碎语总是＿＿＿＿＿＿＿
　 ＿＿＿。

8. 我们每一秒钟都灿烂地成长，不需要＿＿＿＿＿＿＿＿＿的
　 忧伤。

第 23 篇

有趣的名字

许先生年过半百，却一直没有孩子。他原以为不会有儿女**承欢膝下**的福气了，想不到过了五十岁，妻子竟**老蚌（bàng）生珠**，生了一个儿子。许先生**喜不自胜**，想到自己一把年纪了，就给儿子取名"年纪"。隔了一年，妻子又生了一个儿子，许先生更是**喜出望外**，就给儿子取名"学问"。有了"年纪"和"学问"，许先生**可心如意**了。没想到又过了几年，妻子再生一个，许先生虽然**乐不可支**，但想到自己都快六十了，于是就给儿子取名"笑话"。

三个儿子长大了，有一天，他们一起到山上砍柴。许先生问妻子，三个儿子砍柴的成果怎样。妻子说："年纪有一大把，学问一点也没有，笑话倒有一箩筐！"

 成语意思 猜一猜

1.＿＿＿＿＿＿：在父母跟前殷勤侍奉。

2.＿＿＿＿＿＿：原比喻年老有贤子。后指老年得子。

3.＿＿＿＿＿＿：符合心意，称心如意。

4.＿＿＿＿＿＿：喜欢得自己都承受不了。形容高兴到了极点。

5. _____：因遇到出乎意料的好事而特别高兴。

6. _____：快乐得撑持不住了。形容极为快乐。

成语运用
猜一猜

1. 听到我班在足球比赛中获得第一名的消息，全班同学_____ _____，高兴地欢呼起来。

2. 45 岁的阿姨刚生下一个胖小子，她笑称自己是_____。

3. 人年老后，最大的幸福莫过于儿孙_____。

4. 换了新房子，他终于有自己的房间，这下总算是_____ 了。

5. 妈妈看到我_____的样子觉得纳闷，因为她还不知道我考试得了第一。

6. 小张刚收到盼望已久的足球票，真叫他_____。

成语 万事通

"老蚌生珠" 的古今义

随着社会的发展，有些成语的含义会发生改变，比如"老蚌生珠"的古今义就有很大不同。

汉朝大将韦端，年纪很大，有两个儿子，大的叫元将，小的叫仲将，两个人都很优秀。孔融接见元将时，觉得他是个才华横溢、气度宽广的年轻人；隔了几天，见了仲将，觉得仲将敦厚老实，心思敏捷。他赞叹朋友的两个儿子，说韦端是"老蚌生珠"。所以"老蚌生珠"，起初是强调"年老有贤子"，现在多用来恭贺别人"老年得子"。

第 24 篇

爹娘相对

古时候有一位大财主，自己过着**丰衣足食**的生活，对他人却**一毛不拔**（bá）。

有一天，大财主要给母亲祝寿，舍不得花钱请人写寿联，就叫管家拿一副旧春联来。看到**不合时宜**的对联，他眉头一皱，**计上心来**，说："上联改成'天增岁月娘增寿'，可以祝母亲**长命百岁**。"管家一听**拍案叫绝**："这个上联真是**神来之笔**！"大财主听到管家的称赞更加**目空一切**，马上就**脱口而出**令人哗然的下联："'春满乾坤爹满门'怎么样？爹娘相对，是不是绝世好对联？"没想到管家**大惊失色**，上前一步堵住财主的嘴说："老夫人听见了会被气死的！"

成语意思猜一猜

1.＿＿＿＿＿＿＿：寿命很长，能活到一百岁。多用作祝福的话。

2.＿＿＿＿＿＿＿：衣服丰厚，粮食充足。形容生活富裕。

3.＿＿＿＿＿＿＿：形容极端自私吝啬。

4.＿＿＿＿＿＿＿：指如有神助而产生的佳作。

5.＿＿＿＿＿＿＿：拍着桌子叫好。形容极为赞赏。

6. _____：计谋一下子涌上心头。指想出了办法。常和"眉头一皱"等连用。

7. _____：世上的一切都不放在眼里。形容骄傲自大，什么都看不起。

8. _____：形容大为震惊，以至于脸色都变了。

9. _____：不符合当时的情势或需要。

10. _____：不假思索地随口说出。

成语运用 猜一猜

1. 忽见曹操带剑入宫，面有怒色，皇帝_____。

2. 爷爷生日时，我祝他_____，他乐得哈哈大笑。

3. 他一举手，投进一球，动作干脆利落，令人_____。

4. 这个城市的人们，过着_____的日子，生活十分惬（qiè）意。

5. 陈老汉家财万贯，却从不愿意捐钱，真是个_____的人。

6. 他思考片刻，忽然_____。

7. 他恃（shì）才傲物，_____，狂妄的言行令人厌恶。

8. 这首诗真是_____，备受后人的推崇。

9. 李晓同学自从学了《成语笑话》后，说话时成语总是_____。

10. 大热天他却仍然穿着长外套，确实有点_____。

成语笑话创作台

- -

- -

- -

- -

- -

- -

- -

- -

- -

- -

04

第四单元

第 25 篇

谁能胜出？

有位国王认为大臣对自己**言听计从**不利于国家治理。因此，他很想选一个**大智大勇**而非**溜须拍马**的人来当宰相，想了很久，终于想出一个**锦囊**（náng）**妙计**。

这天一大早，大厅里挤满了大臣，大家都**摩拳擦掌**，希望自己能够中选。国王朗声下了指令："怕老婆者，站左边；不怕者，站右边。"

人群像潮水一样一股脑涌向左边，右边只剩下一位**威风八面**的大将军。国王非常高兴，问他不怕老婆的原因，只见他怛（dá）**然失色**，说："我老婆叫我不要到人多的地方去。"

成语意思
猜一猜

1. _____：指非凡的智慧和勇气。

2. _____：解决问题的好计策、好办法。

3. _____：比喻讨好奉承。

4. _____：形容威风凛凛、气派十足。

5. _____：因害怕而变了脸色。

6. _____：形容战斗或行动前精神振奋、跃跃欲试的样子。

7. _____：说的话、出的主意都听从照办。形容对某
　　　　人十分信任、顺从。

1. 武警战士以他们的_____，终于把逃犯缉拿归案。

2. 小张天天跟在领导后面_____，一心想着混个小
　　官当当。

3. 这场风灾把阿姨的房子吹垮了，她_____地坐在
　　角落，一言不发。

4. 当年_____的吕布，终因骄傲命丧白门楼，所以
　　做人不要自负。

5. 正在万般无奈的时候，我想起了爸爸给我的_____。

6. 比赛就要开始了，同学们个个_____，跃跃欲试。

7. 别人讲的事情，不要都_____，要去认真思考，
　　自己判断对错。

成语 万事通

溜须拍马

　　"溜须"与"拍马"并称，比喻刻意讨好、谄媚他人。你
知道"溜须"之人是谁，"溜"的又是谁人的"须"吗？这个"溜
须"之人便是北宋时期飞扬跋扈的副丞相丁谓，我们通常说的
"眼中钉"讲的也是他，被"溜须"的是北宋著名宰相寇准。

第 26 篇
说话的艺术

　　阿木是个**心拙口夯**（bèn）的农夫。一天，他在家摆设筵（yán）席招待亲朋好友。临近中午，还有一人未到。他**心急如焚**（fén），不断地说："该来的怎么还不来？"他说完后**仰屋兴**（xīng）**叹**，丝毫没有顾忌其他客人的感受。

　　其中一位客人心想："难道我是不该来的？"他便告辞离去。阿木摇头说："不该走的又走了？"另一位客人想："看来我是该走的！"他也离开了。妻子责备他**言不达意**，阿木**莫可奈何**地辩解："我说的可不是他们！"最后一位客人想："那说的一定是我了！"于是叹了一口气，**扬长而去**。

成语意思猜一猜

1.＿＿＿＿＿＿：说的话不能准确地表达思想内容。

2.＿＿＿＿＿＿：头仰望屋顶，发出叹息，形容人无计可施的情形。

3.＿＿＿＿＿＿：心思笨拙，不善言辞。

4.＿＿＿＿＿＿：大模大样地离去。

5.＿＿＿＿＿＿：没有办法，不知如何是好。

6. _____：心里像着了火一样。形容内心焦急万分。

1. 他话还没说完，就骑上自行车_____。

2. 哥哥想跟女友表达爱意，却_____，把女友气走了。

3. 舅舅的爱车被偷了，他只能_____，一点办法也没有。

4. 他个性内向，_____，没人想跟他继续交谈下去。

5. 他用尽方法，还是找不到小偷，于是_____地叹气。

6. 列车快要开了，可是妈妈迟迟没来，我和爸爸等得_____。

 成语 万事通

成语中的"拙"

"拙"意为笨拙，不灵活。也用作谦辞，称自己的，如拙见，拙笔，拙著。"拙"的反义词为"巧"。常见的带"拙"的成语有："**大巧若拙**"（指真正灵巧的人看上去倒像很笨拙的样子）。"**勤能补拙**"（勤奋可以弥补笨拙造成的不足）。"**弄巧成拙**"（本想要弄巧妙手段，结果却做了蠢事）。"**笨嘴拙舌**"（形容人说话能力差，口才不好）。

第 27 篇
一语双关

一个秀才带着书童赴京赶考，半路上，突然刮起一阵狂风，把秀才的帽子吹掉了。书童惊叫："帽子落地了！"

秀才一听到"落地"，就联想到"考试落第"，**怒目切齿**地说："不准说落地！要说"及地"（音同"及第"，及第指科举考试应试中选），莫非你想让我**十载寒窗**苦读**功亏一篑**（kuì）？"

书童**言笑晏**（yàn）**晏**，捡起帽子帮秀才戴上，说："这次帽子戴得端端正正，再也不会'及地'了。"

1. ＿＿＿＿＿＿：张眼瞪视，咬牙切齿。形容愤怒、痛恨到极点。

2. ＿＿＿＿＿＿：说说笑笑，和柔温顺。

3. ＿＿＿＿＿＿：指读书人为了考取功名而长期刻苦勤读。

4. ＿＿＿＿＿＿：比喻做事情只差最后一点而未能完成。含惋惜意。

5. ＿＿＿＿＿＿：一句话包含两层意思。

1. 距离考试就剩几天了, 我要继续努力, 免得＿＿＿＿＿＿＿＿＿。

2. 妹妹一听到工地上发出的噪声, 就＿＿＿＿＿＿＿地嘟嘟囔囔。

3. 前几次乡试都没有考中, 但愿这次乡试能够金榜题名, 不枉我＿＿＿＿＿＿＿, 一家盼望。

4. 除夕年夜饭, 妈妈端出来一条大鱼, 爷爷马上说:"年年有鱼(余)!" 真是＿＿＿＿＿＿＿。

5. 自从知道自己作文得奖后, 他整天＿＿＿＿＿＿＿。

 成语 万事通

"功亏一篑" 的故事

古时候, 有一个人要筑一座九仞(rèn)高的山, 他堆了一年又一年, 不论严寒酷暑, 废寝忘食地从远处挖土、挑土, 再堆到山包上。终于有一天, 他就要完工了。这一天也如往常一样, 鸡刚叫就起床开工, 一筐又一筐, 眼看着山就要筑到九仞高, 只差一筐土了。但他的肚子饿得咕咕叫, 天又下起雪来, 他就回家去了。

此后, 他总认为只有一筐土没多大事, 所以这一筐土至死也没堆上。这座九仞高的山终究还是没有堆成。

第 28 篇

谁比较傻？

小和尚拿根长竹竿跑到院子里，对着夜空又挥又打，惊动了老和尚。

老和尚**气冲牛斗**地呵斥（hē chì）："**三更半夜**不睡觉，你在搞什么鬼？"

小和尚**诚惶**（huáng）**诚恐**地回答："师父，我想打下天上的星星，我已经**挥汗如雨**了，可还是没办法打下来。"老和尚一听，忍不住**大动肝火**，骂道："我平常是怎么教你的？连这么简单的问题也不知道，真是**愚不可及**。站在院子里，怎么打得到？你不会爬到屋顶上去打啊？"

成语意思 猜一猜

1._____：泛指深夜。

2._____：原指臣子给帝王的奏章中常用的套语。形容小心谨慎，表示惊恐害怕。。

3._____：本指大智若愚，常人不可及。后多形容愚蠢无比。

4. _____：挥洒的汗水像雨水那样多。本形容人多。
　　　　　　　　　　后多形容人出汗很多。

5. _____：形容气势或怒气极盛。

6. _____：大怒、盛怒而使情绪变得格外激动。

 成语运用 猜一猜

1. 他修养不好, 经常_____, 睚眦必报。

2. 你竟然跟那个贪心的家伙合作, 真是_____。

3. 姐姐_____还没回来, 全家人都为她的安全担心。

4. 爸爸今天_____, 原因是哥哥考试成绩倒数第一。

5. 小强自从接任班长职务以来, 每天都_____的,
　　担心自己工作没做好。

6. 看到农民_____地劳作, 我更加珍惜粮食。

成语 万事通

"牛""斗"是指啥

　　"气冲牛斗"中的"牛"和"斗"指的是指二十八星宿中的牛宿和斗宿。二十八星宿是中国古代天文学家的重要创作, 把天空中可见的星分成二十八组, 分东南西北四方各七宿, 叫二十八星宿。东方苍龙七宿是角、亢、氐（dī）、房、心、尾、箕；北方玄武七宿是斗、牛、女、虚、危、室、壁；西方白虎七宿是奎（kuí）、娄、胃、昴（mǎo）、毕、觜、参；南方朱雀七宿是井、鬼、柳、星、张、翼、轸（zhěn）。

第 29 篇

我必须追上它！

一辆满载（zài）乘客的公共汽车，正沿着下坡道路**倍道而进**。车子的后面有一个人，如**流星赶月**一般在追赶这辆车子，他气喘吁吁的模样，让人**目不忍睹**。

这时候，一位乘客从车尾的窗户**小心翼翼**地探出头来，**好心好意**地劝告追车的人："老兄！算了吧！你追不上的！"

"我必须追上它，"这个人**断断续续**地说，"我是这辆公交车的司机！"

1._____：好像流星追赶月亮一样。形容速度极快。

2._____：形容呼吸急促，上气不接下气的样子。

3._____：指怀着善意。

4._____：时断时续地接连下去。

5._____：形容加快速度前进。

6._____：形容景象十分凄惨，使人不忍心看。

7._____：形容十分谨慎，一点也不敢疏忽。

成语运用
猜一猜

1. 姐姐＿＿＿＿＿＿＿＿地从外面跑回来说："街上木造房屋失火了！"

2. 我＿＿＿＿＿＿＿＿来告诉你，你可不能出卖了我呀！

3. 小区流浪狗被人蓄意喷漆，让人＿＿＿＿＿＿＿＿，大家决定找出这个可恶的人。

4. 这只牧羊犬＿＿＿＿＿＿＿＿般不停奔驰，只为了赶紧找到医生来帮助主人治病。

5. 我们必须快马加鞭，＿＿＿＿＿＿＿＿，才有希望按时到达目的地。

6. 她＿＿＿＿＿＿＿＿地把事情经过说完了，我们都长舒一口气。

7. 我＿＿＿＿＿＿＿＿地溜进卧室，结果还是被妈妈发现了。

 成语 万事通

成语的"心·意"

成语王国里带"心"和"意"的成语可真不少。比如"心满意足""称心如意""诚心诚意""好心好意""真心真意""心灰意冷""回心转意"等。同学们记这些成语时可要"一心一意""全心全意"啊，切不可"三心二意""粗心大意""心猿意马"。

第 30 篇

时辰到了

有一天，富翁应邀参加一场盛大的宴会，他要司机向大家敬酒。司机从小没读过多少书，**胸无点墨**却爱**附庸风雅**，举杯敬酒时，说："来！让我们大家**同归于尽**吧！"顿时**一座皆惊**。

回家后，富翁数落了司机一顿，要他多读些书，以免**贻（yí）笑大方**。最后，他又交代司机不要忘记第二天早晨五点喊他起床。司机难过得**夜不能寐（mèi）**，读了一整晚的书，想让富翁对他**另眼相看**。隔天，他小心地走到富翁床边，说："老板，您的时辰到了（寿命将尽）……"

 **成语意思**
猜一猜

1. _____：一同走向死亡或毁灭。

2. _____：对人用另外一种不同于一般的眼光看待，
多指特别重视。

3. _____：让内行笑话。

4. _____：为了假充斯文而与名士结交，从事文化活动。

5. _____：因思绪纷乱或身有疾痛等而夜间不能入睡。

6. _____：肚子里没有一点墨水。形容人没有文化。

7.＿＿＿＿＿＿＿＿：指满座的人都感到惊奇。

1. 出国旅游却不懂得国际礼仪，定会＿＿＿＿＿＿＿＿＿＿。

2. 他明明什么都不懂，还非要＿＿＿＿＿＿＿＿＿，真是可笑。

3. 一向表现平平的堂弟，这次竟然考了第一名，家人都对他
＿＿＿＿＿＿＿＿＿。

4. 歹徒威胁说，如果警方再逼近，他就要跟人质＿＿＿＿＿＿
＿＿＿＿＿＿。

5. 他说起话来口若悬河，实际上＿＿＿＿＿＿＿＿＿。

6. 当大家知道少年吕陶的文章可以与大作家的文章媲（pì）美
时，＿＿＿＿＿＿＿＿＿。

7. 考试结果出来的前一天晚上，我辗转反侧，＿＿＿＿＿＿＿＿。

成语 万事通

"贻笑大方"的故事

传说，有一年秋天，山洪暴发，河水把两岸的房屋树木都淹没了。见此情形，河神扬扬自得，以为自己力量无穷，天下数他最伟大了。当他顺着流水来到北海，海水茫茫无际，才知道海神比自己伟大多了。他感到羞愧，感叹地对海神说："像我这样妄自尊大的人，是会见笑于'大方之家'的。"

第 31 篇

周而复始

　　老王坐在树下颐（yí）神养气，老李不明所以，便走过来问他："嗨，为什么不去山上砍柴？"老王被问愣了，说："砍柴干什么？"

　　老李说："卖钱啊！有钱就可以买驴子，再挨家挨户卖柴；挣了钱，就再买卡车，然后开工厂、卖木器，再多买几辆卡车，那样，就发大财了。"

　　老王一副事不关己的样子，问："发了财干什么？"老李笑笑回答："发了财，就可以逍遥自在，享享清福嘛！"老王不以为然，说："那你以为我现在在干什么？"

成语意思 猜一猜

1.＿＿＿＿＿＿：保养精神，培养元气。

2.＿＿＿＿＿＿：按照顺序到各家各户（做某事）。表示一家也不漏掉。

3.＿＿＿＿＿＿：无拘无束，自由自在。

4.＿＿＿＿＿＿：不断循环往复。

5.＿＿＿＿＿＿：事情与自己没有关系。

6.＿＿＿＿＿＿：不认为是对的。多用来表示不同意。

1. 爷爷用静坐来＿＿＿＿＿＿＿＿＿＿＿，他虽然已经八十岁了，但是身体十分健朗。

2. 当别人遇到困难的时候，我们不能采取＿＿＿＿＿＿＿＿＿的冷漠态度。

3. 他嘴上虽然没说什么，但是心里＿＿＿＿＿＿＿＿＿。

4. 在一些小说中，中国的名山大川成为世外高人＿＿＿＿＿＿＿＿＿＿的隐居之所。

5. 季节的春夏秋冬，植物的生长荣枯，＿＿＿＿＿＿＿＿＿，年年如此。

6. 我家的小狗不见了，我＿＿＿＿＿＿＿＿地找它，终于找到了。

精、气、神

　　精气神学说认为，气是宇宙万物构成的本原，不论是存在于宇宙中的有形物体，还是运动于有形物体之间的无形的极细微的物质，都是气的存在形式，人之生、长、壮、老、死，都与气有密切关系。人们常讲，人有三宝：精、气、神。精充、气足、神全是健康的象征。反之，精亏、气虚、神耗是衰老或不健康的表现。

　　与"神"和"气"相关的成语如："神清气爽"，指人轻松爽快，心情舒畅；"神闲气定"形容人悠闲镇定的样子。

第 32 篇
天 地 良 心

　　一个作奸犯科的小偷被抓进牢里，预计刑期三年。由于他在狱中表现良好，不到两年就假释出狱。

　　出狱后，他一直找不到工作，终日**无所事事，游手好闲**。这一天，他到附近新开的百货商场闲逛，一时**心烦技痒**，忍不住又"动手"了，这次，不幸被逮个正着（zháo）。

　　法官问他："你偷东西的时候，难道一点儿也不替自己的妻子和女儿着想吗？"小偷对法官**倾心吐胆**："**天地良心**！我真的想过，可是，那个商场里只有男人的衣服呀！"

 成语意思
猜一猜

1. ＿＿＿＿＿＿：把心里话吐露出来。形容以诚相待，毫无
　　　　　　　隐瞒。

2. ＿＿＿＿＿＿：懒散成性，好逸恶劳。

3. ＿＿＿＿＿＿：天知地知，自己也问得过良心，确实没有
　　　　　　　说假话、做坏事。

4. ＿＿＿＿＿＿：形容擅长及爱好某种技艺，一遇机会就急
　　　　　　　于表现的情态。

5.＿＿＿＿＿＿＿＿：没有什么事可做。指闲着什么事也不干。

6.＿＿＿＿＿＿＿＿：为非作歹，触犯法令。

 成语运用
猜一猜

1. 退了休的吴爷爷，感觉＿＿＿＿＿＿＿＿，干脆到公交站去维持秩序。

2. 这里别无外人，我就＿＿＿＿＿＿＿＿地对您说心里话。

3. 看到钢琴，我就＿＿＿＿＿＿＿＿，忍不住弹起一首又一首的曲子。

4. 陈叔叔整天＿＿＿＿＿＿＿＿，是个非常不负责任的人。

5. 他以前因＿＿＿＿＿＿＿＿入狱服刑，但是现在已经彻底悔悟，我们应该再给他一次机会。

6. 妈妈说做生意应该对得起＿＿＿＿＿＿＿＿，绝对不能造假。

成语 万事通

成语中的"胆"

　　胆为五脏六腑（五脏：心、肝、脾、肺、肾；六腑：胃、大肠、小肠、三焦、膀胱、胆）之一，呈囊形，附与肝之短叶间，与肝相连。肝和胆又有经脉相互络属，互为表里。主要功能为贮存和排泄胆汁，并参与饮食物的消化。在成语中，"胆"也和常和"肝"相连用。如**"肝胆相照"**形容以真诚的心互相对待；**"侠肝义胆"**指讲义气，有勇气，肯舍己助人的气概和行为；**"披肝沥胆"**表示坦诚相见，也形容竭尽忠诚。

05

第五单元

第 33 篇

谁的文凭？

有一位在业界赫（hè）**赫有名**的厂长，在职工大会上读秘书所写的讲稿时，把"已经取得文凭的和尚未取得文凭的干部职工"读成"已经取得文凭的和尚"，停顿两秒后，又念"未取得文凭的干部职工"，台下的人先是**直眉楞**（léng）**眼**，继而整个会场**语笑喧阗**（tián，充满）。

厂长**恼羞成怒**，**直眉瞪眼**地大声吼道："这有什么好笑！连和尚都有文凭了，你们还要当个**百无一用**的人吗？"

1. _____：形容眼神发直。

2. _____：形容许多人挤来挤去地大声说笑。

3. _____：眉毛竖起，眼睛瞪大。形容吃惊、愤怒或发呆等神态。

4. _____：一百样里没有一样是有用处的。形容一点用处也没有。

5. _____：因气恼和羞愧而发怒。

6. _____：指名声很大。

 **成语运用**

猜一猜

1. 一夜人声杂沓（tà），＿＿＿＿＿＿＿＿＿＿，爆竹烟火，络绎不绝。

2. 周小姐对着司机＿＿＿＿＿＿＿＿＿＿地叫骂，因为汽车把地上的积水溅到了她身上。

3. 岳飞是我国南宋时期＿＿＿＿＿＿＿＿＿＿的抗金将领，"精忠报国"的感人故事至今广为流传。

4. 老矿工＿＿＿＿＿＿＿＿＿＿地坐了半天，想起了自己死去的女儿。

5. 我们决不做＿＿＿＿＿＿＿＿＿＿的书生，要做一名创新型人才。

6. 面对大家的指责，她＿＿＿＿＿＿＿＿＿＿，大喊大叫起来。

成语万事通

"赫赫有名"的故事

　　西汉时期，扬州刺史何武为人仁厚，喜欢举荐有才能的人，他反对结党营私、任人唯亲。如果要任命下属时，均采用公开公正的方式选择，因此选拔的人大都没有赫赫的名声与靠山。他的上司何寿想要他推荐自己的侄子为扬州长史，何武没有推荐这个平庸的人。

　　在《汉书·何武传》中有这样一句话："其所居亦赫赫名，去后常见思。"意思是说何武所推荐的人才都是有真才实学的，而不是依靠家世门第的，这些人在做官离职之后，当地的人民都非常怀念，"赫赫有名"这个成语就是引于此。

第 34 篇

痛哭的理由

动物园的一头大象已经六十岁了，**年老体衰**，**步履蹒跚**。

这一天，大象生病快死了，**弥（mí）留之际**，游客都前来看它最后一眼。没多久，大象死了。管理员在一旁**痛哭失声**。游客都说："这个管理员一定很不舍这头象，才会哭得这么**歇斯底里**，他们之间的**深情厚谊**真是**感人肺腑**啊！"

另一位管理员摇摇头，**幸灾乐祸**地说："不，按照园里的规定，他要负责为大象挖墓坑。"

 成语意思 猜一猜

1._____：年事已高，身体衰弱。

2._____：深厚的感情与友谊。

3._____：尽情大哭，哭到连声音也出不来了。

4._____：使人内心深受感动。

5._____：指人缺乏善意，在别人遇到灾祸时感到高兴。

6._____：情绪异常激动，举止失常，通常用于形容对于某件事物的极度情绪。

7.＿＿＿＿＿＿＿＿＿：指病重快要死了的时候。

8.＿＿＿＿＿＿＿＿＿：腿脚不灵活，行走十分困难。

 成语运用

猜一猜

1.他对久病卧床的妻子不离不弃，真是＿＿＿＿＿＿＿＿＿。

2.一头＿＿＿＿＿＿＿的狮子病倒了，它奄奄一息地躺在树下。

3.她说她永远忘不了中国人民的＿＿＿＿＿＿＿＿。

4.听到外婆病逝的消息，我不禁＿＿＿＿＿＿＿＿。

5.周总理＿＿＿＿＿＿＿＿想的不是自己的家人，而是惦记着
祖国和人民。

6.看到同学犯错，我们不应该＿＿＿＿＿＿＿＿，而是应该伸
出热情的手。

7.谎言被当场揭穿，恼羞成怒的她＿＿＿＿＿＿＿地吼叫着。

8.姐姐为了在电视剧中饰演好老妇人，认真地模仿老太太
＿＿＿＿＿＿＿＿的走路姿势。

成语 万事通

成语中的"肺腑"

　　"肺腑"指生理器官、内心亲近的人或内心深处。与之相
关的成语如**"肺腑之言"**指发自内心的真诚的话；**"沁人肺腑"**
说的是吸入新鲜空气像渗入内脏一样感到舒畅；**"深铭肺腑"**
表示深深铭记于心。

第 35 篇
半疯和全疯的差别

怒气填胸的许小姐质问隔壁的杨奶奶："杨奶奶，所谓'**物各有主**'，您为何把别人的小麦装进自己的麻袋？"

白发苍苍的杨奶奶**可怜巴巴**地说："因为我是个半疯的人啊！"

许小姐**满腔义愤**："**岂有此理**，如果您是半疯的人，那为何不把自己的小麦倒入别人的麻袋？"

杨奶奶**嗤之以鼻**地说："那我岂不就成了全疯的人啦？"

1. ＿＿＿＿＿＿：胸中充满怒气。形容非常气愤、愤怒。

2. ＿＿＿＿＿＿：用鼻子发出讥笑声。表示轻蔑、不以为然。

3. ＿＿＿＿＿＿：非常令人可怜的样子。

4. ＿＿＿＿＿＿：心中充满对不合理的事情的愤怒。

5. ＿＿＿＿＿＿：世间万物各有其所属。

6. ＿＿＿＿＿＿：头发灰白。形容人的苍老。

1. 每当小明＿＿＿＿＿＿＿＿＿＿时，老师就提醒他做深呼吸动作。

2. 小猫发出柔弱的喵喵叫声，一副＿＿＿＿＿＿＿＿＿＿的样子，让人忍不住想抱抱它。

3. 老王见那些流氓欺侮小学生，不禁＿＿＿＿＿＿＿＿＿＿，上前阻止。

4. 每个人都应该有＿＿＿＿＿＿＿＿＿＿的观念，谁也不能随意取用他人的物品。

5. 这种恬（tián，泰然）不知耻的行为，让人＿＿＿＿＿＿＿＿＿＿。

6. 兰兰扶着一位＿＿＿＿＿＿＿＿＿＿的老奶奶过马路，受到了同学们的称赞。

成语 万事通

"愤怒" 的成语

　　怒，就狭义而言，是人的一种本能的心理状态，指的是人对某种事物强烈不满的心理表现。怒是一种很常见、很普遍的情绪，汉语里用来表述这种情绪的成语比较丰富，比如 "勃然大怒" "怒不可遏" "怒火中烧" "怒火冲天" "怒发冲冠" 等都是形容人的心里极其愤怒的成语。

第 36 篇

谁瘦了？

王太太对自己的身材很不满意，感到减肥**迫在眉睫**。

游泳、跑步、瑜伽、打拳，各种运动她都积极尝试，但是她的食量大，消耗的卡路里和增加的热量相比显得**相形见绌**（chù），所以总是越减越肥，**适得其反**。家人对这种情况早已**见惯不惊**了。

这一次，她听朋友说骑马能减肥，所以她每天**风雨无阻**去骑马。但是，**江山易改，本性难移**，她依旧没改变饮食习惯。一个月过去了，她自己没瘦，反倒是马瘦了二十公斤。

成语意思
猜一猜

1.＿＿＿＿＿＿＿：刮风下雨也阻挡不住。表示无论出现什么情况，事情都照常进行。

2.＿＿＿＿＿＿＿：经常看见就会习以为常，不感到惊奇。

3.＿＿＿＿＿＿＿：恰好得到与愿望相反的结果。

4.＿＿＿＿＿＿＿：形容事情已逼近眼前，非常紧迫。

5.＿＿＿＿＿＿＿：人的本性的改变，比江山的变迁还要难。形容人的本性难以改变。

6._____：与另一人或事物相比，显出远远不足。

1. 俗话说：_____。想要彻底改变坏习惯，就必须花更多的心力。

2. 李阿姨总是扯着嗓门说话，大家早就_____了。

3. 学生的学习负担过重，学习效果往往_____。

4. 明明在十里外的一所学校读书，五年来_____地上学，从来没迟到过。

5. 小县城和国内最繁华的城市相比的确是_____。

6. 群众的呼声很高，治理水污染已经是_____。

"瘦"字成语知多少

　　在这个以瘦为美的年代，几乎每位女性都想要有曼妙的身姿，每天把减肥挂在嘴边的人不在少数。但是，"瘦"真的好吗？"瘦"到何种程度才满意呢？有些女孩追求骨感美，希望能"**骨瘦如柴**"（形容人消瘦到极点）；有些人因过度节食而"**面黄肌瘦**"（形容营养不良或有病的样子）。其实，人应该悦纳自己的身体，正所谓"**环肥燕瘦**"（形容女子体态不同，各有风韵），热爱运动，保持健康就好。

第 37 篇
鸡要过河

从前有个小伙子**不务正业**，整天想着**偷鸡摸狗**。这天他在农场偷了一只鸡后，**迫不及待**地到河边给鸡拔毛，准备晚上**大快朵颐**一番。

这时，一个警察走过来，他吓得忙把鸡扔进河里。警察见他**形迹可疑**，便问："你在干什么？地上为什么有这么多的鸡毛？"

异想天开的小偷竟然想通过童话故事蒙混过关："一只鸡要过河去找妈妈，它请我在这里帮它看衣服。"

1.＿＿＿＿＿＿：大吃大嚼。痛痛快快地大吃一顿。

2.＿＿＿＿＿＿：形容想法奇特，不切实际。

3.＿＿＿＿＿＿：举动和神色值得怀疑。

4.＿＿＿＿＿＿：指小偷小摸。也指不正经的勾当。

5.＿＿＿＿＿＿：用欺骗的手段逃过询问或审查。

6.＿＿＿＿＿＿：不从事正当的职业。也指不搞好本职工作而去干其他的事。

7. _____：急迫得无法再等待。

1. 这个人左看右看，东摸西摸，_____，果然，经过盘查，他承认店里的茶叶是他偷走的。

2. 以前，人类登月被认为是_____，如今已成为现实。

3. 此次美食节上将展示各地风味小吃 3000 多种，让每一位到场的市民都可以_____。

4. 这个小流氓经常在村里干些_____的事。

5. 她四处做手脚，为调查设置障碍，企图_____。

6. 小奶牛一见到妈妈，就_____地跑过去吃奶。

7. 他终日游手好闲，_____，沾染上许多坏毛病。

成语 万事通

"朵颐"是什么意思？

很多人都知道"大快朵颐"是指"吃食物吃得香，吃得特别痛快"。但如果细问"朵颐"的意思，多数人便不得而知了。其实，"朵"本义为"树木枝叶花实下垂摇动的样子"，由花枝的摇动引申出"活动"的意思。"颐"的本义为"下巴"。"朵颐"表示活动下巴，即咀嚼。所以"大快朵颐"表示大吃大喝，能痛痛快快吃一顿。

第 38 篇

吝啬夫妻

陈员外**腰缠万贯**，却仍然过着**粗茶淡饭**的日子，甚至到了**爱财如命**的地步。一天，他进城去，走着走着，肚子一阵疼痛，想上厕所，但转念一想：这么好的肥料，**肥水不流外人田**哪。因此，就算**痛不堪（kān）忍**，他还是死命憋着，只放了几个屁。

陈员外一回到家，便**自鸣得意**地跟老婆炫耀自己节俭的行为。哪知老婆却**愤愤不平**地说："哪有你这样浪费的，省下这几个屁来吹灭油灯不是更好？"

成语意思 猜一猜

1. _____：形容生活俭朴、清苦。

2. _____：形容对不公正的事情感到不满，非常生气。

3. _____：痛苦得不能忍受。

4. _____：吝惜钱财就像爱惜自己的生命一样。形容非常吝啬或贪财。

5. _____：自己表示非常得意。多含贬义。

6. _____：形容非常富有。

1. 他小时候家里一贫如洗,这些年靠着自己的努力,终于成为一位_____的富翁。

2. 弟弟一进门,就迫不及待地掏出成绩单来,一副_____的模样。

3. 癌症把陈伯伯折磨得_____,大家都为他祷告、祈福。

4. 他们每天过着_____的日子,可依旧很开心。

5. 葛朗台_____,连多点了一根蜡烛都要灭掉。

6. 好朋友受到如此不公正对待,我们都替他_____。

古人怎样做到"腰缠万贯"的

　　在今天这个时代,一张银行卡就可以让人轻而易举地做到"腰缠万贯"。可是在古代,铜钱用绳串,千钱为一贯,万贯应该是相当重的,古人却有"腰缠万贯"之说,腰上能承受得住吗? 其实,古人为了带钱方便,也为了防抢劫和偷盗,常会把银子打成腰带缠在腰里。银带比现在的皮带稍宽稍厚,他们会根据自己的财力和需要决定银带的长短,可在腰里缠一圈,也可缠几圈。银带外加以布绸,束在腰中。用时,从腰中掐下一段过秤即可,十分方便。想想,银子可比铜钱更值钱,这就使古人轻松做到了"腰缠万贯"。

第 39 篇

点错地方了

林先生规定六岁的儿子每天都要写日记，晚上他都**坚持不懈**（xiè）亲自检查。

一天，他给儿子检查完日记后**瞋**（chēn）**目竖眉**，跑去找妻子**兴**（xīng）**师问罪**："你看这是什么？"妻子定睛一看，只见儿子用**歪七扭八**的字写着："今日王叔叔来我家玩，我做完作业后，叔叔对我**赞不绝口**，叔叔亲了我妈妈，也亲了我。"妻子看完**瞋目切齿**，责问儿子为什么**胡言乱语**。

儿子看完吐了吐舌头，连忙说："哎呀！我把标点点错了，应该是：'叔叔亲了我，妈妈也亲了我。'您跟爸爸说，不要让我天天写日记了，太累了就容易出错！"

1. _____：瞪大眼睛，竖直眉毛。形容非常恼怒的样子。

2. _____：形容歪斜不正的样子。

3. _____：不停地称赞。形容十分赞赏。

4. _____：坚持到底，毫不松懈。

5. _____：瞪大眼睛，咬紧牙齿。形容极端愤怒的样子。

6. _____：随意乱说。也指无理的或无根据的话。

7._____：动用武力，声讨对方的罪行。泛指指明过错，加以谴责。

成语运用
猜一猜

1. 观众对艺术家的精彩表演_____。

2. 这人满嘴_____，哪里有什么根据？

3. 只有_____地锻炼，身体才会健壮起来。

4. 弟弟整理衣橱，把衣服折得_____的，乱成一团。

5. 他听了这些传言后_____，非要和人家理论清楚。

6. 面对恐怖分子犯下的滔天大罪，人们都_____，义愤填膺。

7. 武王为解救商朝的苦难百姓，向商纣_____。

成语 万事通

成语中的"目"

　　俗话说，眼睛是心灵的窗户。人们总是在不经意间将自己的内心想法通过眼睛表露出来，通过观察一个人的眼部动作或者眼睛的变化，我们就能判断出他此时的内心想法。成语中的眼睛——"目"字会告诉我们什么呢？**"瞠目结舌"**表示惊讶、恐惧或受窘的样子；**"目不斜视"**表示眼睛不向旁边看，形容态度严肃，守规矩；**"目不转睛"**形容注意力高度集中。此外，还有**"目光如电""目光如豆""目光如炬"**等。

第 40 篇

翻 车 了

小山村里，有一个种田的陈大山**不识之无**，却**自命不凡**，虚荣心十分强烈，喜欢谈论国家大事，常**自以为是**地与他人争得**面红耳赤**。

一天，他在路上捡到一张报纸，便**如获至宝**地读起来，可惜他把报纸拿倒了。一位路人正巧路过，对他**装腔作势**的样子**心知肚明**，便故意逗他："嗨，报纸上有什么新闻？"

陈大山**一本正经**地说："唉，又出事了！你瞧，照片上的车子都是轮子朝天哪！"

1.＿＿＿＿＿＿：指人不识字，没文化。

2.＿＿＿＿＿＿：自以为不同寻常，高人一等。

3.＿＿＿＿＿＿：心里清楚但不说破。

4.＿＿＿＿＿＿：拿腔拿调，故作姿态。

5.＿＿＿＿＿＿：形容神态举止端庄严肃。

6.＿＿＿＿＿＿：好像得到了最珍贵的宝物。形容非常珍视所得到的东西。

7._____：认为自己是对的，不接受别人的意见。

 成语运用
猜一猜

1. 姐姐总是_____，从来不听别人的建议。

2. 他虽然_____，但是喜欢自命清高地附庸风雅。

3. 他说起话来总是_____，令人很不舒服。

4. 你不需要在我面前演戏，事情的真相你我都_____。

5. 同学之间的交往可以轻松自然一些，不用老是_____

_____。

6. 爸爸终于给我买了钢琴，我_____。

7. 人贵有自知之明，不能_____。

成语 万事通 ----------------------

白居易一岁识"之""无"

　　唐代诗人白居易，字乐天。他从小就十分聪明，据《新唐书·白居易传》记载，他刚生七个月，能翻书，奶妈教他指认"之""无"两字，上百次都没有错。人们因为"之""无"二字本是最普通的常用字，而且不满一岁的小孩都能认识，所以形容一个字也不识的文盲，就叫作"**不知之无**"或"**之无不识**"；形容稍微认识几个字的人（或自谦文化不高），就叫作"**略识之无**"。

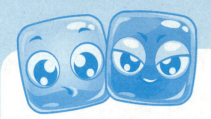

成语笑话创作台

06

第六单元

第 41 篇

我是毛驴

大众商店为了吸引顾客，**别出心裁**地推出"福利奖券"。凡是拿到印有动物图案奖券的顾客即为中奖者，动物图案的体型越大，奖品就越贵重。

门口的奖品**堆积如山**，客人也**蜂拥而至**。某人刮开奖券，映入眼帘是一张驴子的图案，顿时**仰天大笑**，叫道："我是毛驴！我是毛驴！"

旁边有一个男子屡摸不中，正**快（yàng）快不乐**，听到他的话便**怒气冲冲**地说："喊什么喊！只要是畜生，都有奖！"

1. _____：另外想出与众不同的办法、主意。

2. _____：东西堆积得像一座山。形容数量极多。

3. _____：很多人拥挤着聚集过来。

4. _____：形容不满意、不高兴的样子。

5. _____：仰头朝天而大声地笑。

6. _____：盛怒的样子。

成语运用 猜一猜

1. 李白曾在《南陵别儿童入京》中写道："＿＿＿＿＿＿＿＿出门去，我辈岂是蓬蒿人。"

2. 百货公司大甩卖，客人＿＿＿＿＿＿＿＿，都快把门口挤爆了。

3. 老师桌上的作业本＿＿＿＿＿＿＿＿，她每天都要花很长时间批改。

4. 看他＿＿＿＿＿＿＿＿的样子，一定是遇到了什么烦心事。

5. 爸爸＿＿＿＿＿＿＿＿地把店面布置成海洋世界的样子，客人十分喜欢。

6. 邻居王奶奶和她老伴吵架了，只见她＿＿＿＿＿＿＿＿地走出了房间。

成语 万事通

带"驴"的成语

驴为哺乳动物，像马，比马小，能驮东西、拉车、耕田、供人骑乘。和"驴"相关的成语较常见的有："**黔驴技穷**"（仅有的一点本领也用完了），"**黔驴之技**"（仅有的一点徒有其表的拙劣本领），"**卸磨杀驴**"（比喻达到目的之后，就把曾经出过力的人除掉或抛弃）。除这些成语外，还有一个和"驴"有关的成语不得不提，那就是"**博士买驴**"。这个成语出自《颜氏家训》的《勉学》篇中，记载了一个博士（古时官名）买了一头驴子，写了三张纸的契约，却没有一个"驴"字。比喻行文啰唆，废话连篇，不得要领。讥讽写文章长篇累牍而说不到点子上。

第 42 篇

军事秘密

父亲和在军中工作的战友已经很久没有联系了，彼此之间**杳**（yǎo）**无音信**。他写了一封**文情并茂**的信，并请做事一向**滴水不漏**（lòu）的小儿子帮忙投进邮筒里。

没多久，只见小儿子**连蹦带跳**地回来了。"你已经投了？"父亲问，"你没看见我忘了在信封上写地址吗？"

一向**能说会道**的小儿子顿时结巴起来，低着头解释："我……我……当然看见了，我还以为这封信是军事机密，您故意不写地址，是**秘而不宣**的招式呢！"

1.＿＿＿＿＿＿：指诗文感情丰富，文辞优美动人。

2.＿＿＿＿＿＿：完全不见人的踪迹。

3.＿＿＿＿＿＿：形容说话、办事周密严谨，毫无漏洞。

4.＿＿＿＿＿＿：严守秘密而不公开，不泄露。

5.＿＿＿＿＿＿：精力充沛，充满活力的样子。

6.＿＿＿＿＿＿：口才好，很会说话。

成语运用
猜一猜

1. 姐姐离家出走后，一直＿＿＿＿＿＿＿＿，让爸妈十分焦急。

2. 他心思缜（zhěn）密，即使说谎也掩饰得＿＿＿＿＿＿＿＿。

3. 哥哥写了一封＿＿＿＿＿＿＿＿的情书，偷偷放进陈姐姐家
   的信箱里。

4. 开赛前一小时，双方教练仍对出场阵容＿＿＿＿＿＿＿＿，
   十分注意保密。

5. 律师不仅要＿＿＿＿＿＿＿＿，还要能随机应变，应付各种
   复杂局面。

6. 小明语文考了100分，他高兴得走路都＿＿＿＿＿＿＿＿的。

成语 万事通

"能说会道" 的成语

　　形容一个人口才很好，"能说会道" 的成语有很多。比如
"能言善辩"（很会说话，善于辩论），"妙语连珠"（形容寓意
深刻或风趣生动的话语像成串的珠子，连续不断），"口若悬河"
（说起话来像瀑布倾泻一般滔滔不绝，形容人善于辞令），"语
惊四座"（形容出语不凡，让在座的感到震惊），"侃侃而谈"（形
容理直气壮或从容不迫地谈话）等。

第 43 篇

没睡的全是乌龟

小杰时常在课堂上打瞌睡。一天，老师终于**不胜其怒**，准备把**鼾**（hān）**声如雷**的小杰叫醒，但老师没有**劈头盖脸**地呵斥，而是**绵言细语**地问："小杰！你知道'龟兔赛跑'中的兔子为什么会输吗？"

听到老师的问题，小杰**大汗涔**（cén）**涔**，只好**勉为其难**胡猜乱蒙，他说："因为兔子在打瞌睡！"老师点了点头，请她坐下，侥幸**蒙混过关**的小杰突然如**醍醐**（tí hú）**灌顶**，大喊："喔！我知道了！原来没打瞌睡的全是'乌龟'啊！"顿时，全班同学被气得**七窍**（qiào）**生烟**。

1.＿＿＿＿＿＿：形容因天气炎热或心情紧张而导致浑身汗流如注的样子。

2.＿＿＿＿＿＿：指说话时声音柔和细微，使人容易接受。

3.＿＿＿＿＿＿：某种动作正冲着头和脸。形容来势迅疾凶猛。

4.＿＿＿＿＿＿：形容睡得很深，鼾声很大。

5. _____：指勉强去做能力所不及或不愿去做的事。

6. _____：比喻给人灌输智慧，使人彻底觉悟。

7. _____：好像七窍都冒火了。形容极其愤怒或焦急。

成语运用
猜一猜

1. 只听见奶奶用更加_____的声音说道："好好学习，孩子！奶奶去给你做好吃的！"

2. 三伏天，孩子们_____，却仍然在院子里奔跑。

3. 大家百思不得其解，经他一解释，都有_____的感觉。

4. 我犯了错误，妈妈_____地把我批评了一顿。

5. 他强词夺理，把大家气得_____。

6. 虽然这件事不是爸爸的错，但是为了公司的利益着想，他只能_____地承担下来。

7. 昨夜我听到他_____，今天，他却说昨晚没睡好。

成语 万事通

"七窍"是指啥

　　人的脸上，有两只眼睛，两只耳朵，两个鼻孔，以及一张嘴巴，加起来就是"七窍"。所谓"七窍生烟"指的是生气时的情境。如两眼冒火、两耳爆炸、两鼻喷气。

第 **44** 篇

交换秘密

　　星期天,我跟一群朋友在客厅**谈今论古**,正聊得唾沫横飞,在院子玩耍的儿子突然向屋里大喊:"爸爸,你出来一下好不好?"我嘴上答应着"等一下",却打算来个**相应(yìng)不理**。

　　后来儿子又喊:"你出来一下嘛!"在他的软磨硬泡下,**我万般无奈**,只好走了出去。没想到儿子竟**眉开眼展**地对着墙外的小朋友说:"你们看,我爸爸长得像不像猩猩?我对你们**推诚相见**,是**真心诚意**要跟你们交换秘密的,现在轮到你们说秘密了!"

 **成语意思** 猜一猜

1.＿＿＿＿＿＿＿＿:形容极度高兴。

2.＿＿＿＿＿＿＿＿:谈论古往今来的人和事,谈话的内容十分广泛。

3.＿＿＿＿＿＿＿＿:指对别人的劝告、要求等一概不予理睬。

4.＿＿＿＿＿＿＿＿:以真心对待人,与人交往。

5.＿＿＿＿＿＿＿＿:迫不得已,实在没有一点办法。

6.＿＿＿＿＿＿＿＿:心意真实诚恳。

 成语运用
猜一猜

1. 真正的朋友应该＿＿＿＿＿＿＿＿＿，互不隐瞒。

2. 突然电闪雷鸣、大雨如注，＿＿＿＿＿＿＿＿之下，郊游计划只能取消。

3. 小区里的阿伯们喜欢聚在一起＿＿＿＿＿＿＿，打发时间。

4. 哥哥昨天说谎，欺骗了妈妈，今天一早，他就＿＿＿＿＿＿＿＿＿＿地跟妈妈道歉。

5. 对他说的话，我总是＿＿＿＿＿＿＿，因为我知道他是个大骗子。

6. 这里的风景五步一小变，十步一大变，处处使人＿＿＿＿＿＿＿＿＿，赏心悦目。

成语 万事通

成语里的"心"

生活就像五味瓶，有酸，有甜，有苦，有辣，也有淡，样样具备。面对不同的情境，我们总有着不同的心情。开心时，会"心花怒放"；伤心时，会"伤心欲绝"；忧心时，会"忧心忡忡"；担心时，会"提心吊胆"；痛心时，会"痛心疾首"。其实，不论面对何种情境，态度就是我们的选择。只要能常怀"赤子之心"，"心平气和"地去面对一切，就能时常看到人生中"赏心悦目"的风景。

第 45 篇

谁被耍了？

　　动物园新来了几只非洲黑猩猩，游客纷纷**奔**（bēn）**走相告**，黑猩猩顿时成了**众星捧月**的宠儿。

　　亮亮"**披荆斩棘**"，拨开众人挤到最前面，他兴奋地朝黑猩猩招手，结果黑猩猩**出人意外**地拿起石头打得他**屁滚尿流**。亮亮**气急败坏**地找管理员"告状"，管理员听完事情的经过，便笑说："在猩猩的语言里，招手是骂它白痴（chī）的意思，跟它们打招呼要捶胸呐（nà）喊。"

　　亮亮**恍**（huǎng）**然大悟**，立刻对着黑猩猩捶胸呐喊，却看见黑猩猩**嬉皮笑脸**地对着他招手。

 **成语意思**
猜一猜

1. _____：比喻许多人围绕一个他们所敬仰的或喜爱的人周围。

2. _____：出乎人们意料之外。

3. _____：奔跑着相互转告。指人们把重要的消息迅速传播。

4. _____：忽然间明白过来。

5.＿＿＿＿＿＿：形容极度恐慌、慌乱而狼狈不堪的样子。

6.＿＿＿＿＿＿：比喻扫除前进道路上的重重障碍，克服遇
　　　　　　　　到的困难。

7.＿＿＿＿＿＿：形容十分慌张、焦躁或恼怒。

8.＿＿＿＿＿＿：嬉笑而不严肃的样子。

成语运用
猜一猜

1.我军一个伏击，打得敌人人仰马翻，＿＿＿＿＿＿＿。

2.我们要在前进的道路上＿＿＿＿＿＿，而不要被困难吓倒。

3.他这次中考的成绩这样好，大大＿＿＿＿＿＿。

4.外面层层的花瓣衬托着花蕾，好似＿＿＿＿＿＿。

5.从百思不得其解到＿＿＿＿＿＿，他经历一年多的思考。

6.听到他金榜题名的消息，乡亲们＿＿＿＿＿＿，喜不自胜。

7.作业本被妹妹弄坏了，小冬＿＿＿＿＿＿地将妹妹训斥了一顿。

8.老师在严肃地给他指出缺点，他却＿＿＿＿＿＿，不以为然。

成语 万事通

"披荆斩棘" 的出处

　　语出范晔《后汉书·冯异传》："为吾披荆棘，定关中。"据说，冯异是东汉时期的名将，为朝廷立下了不少功劳。汉光武帝曾经这样介绍他："他是我当初起兵时候的主帅，为我劈开了前进道路上的丛生荆棘，扫除了重重障碍，平定了关中的大部分地区，是一个有功之臣啊。"

第 46 篇

倒 大 霉

张先生被人打得**遍体鳞（lín）伤**，当时他已经**万念俱灰**，所幸被路过的人送到医院急救。

医生看了，动了**恻隐（cè yǐn）之心**："谁下手这么重？简直是**惨无人道**！"经过抢救，张先生终于**化险为夷（yí）**，警察来问话："你能够描述一下打你的人的长相吗？"

张先生**断断续续**地说："当……然……能！那人……丑得……**前无古人，后无来者**，我……就是……形容他的样子，才被……打成这样的！"

成语意思 猜一猜

1.＿＿＿＿＿＿：浑身都是伤口，形容伤势十分严重。

2.＿＿＿＿＿＿：凶狠残酷到了灭绝人性的地步。形容极端凶狠残酷。

3.＿＿＿＿＿＿：所有的念头和打算都破灭了。形容意志消沉，心灰意冷。

4.＿＿＿＿＿＿：指对遭受苦难或不幸的人产生同情心。

5.＿＿＿＿＿＿：指前人从未做过或达到，前所未有。

6. ＿＿＿＿＿＿＿＿＿＿＿：使险阻变为平坦。指转危为安。

1. 小狗被主人打得＿＿＿＿＿＿＿＿＿＿，引发动物保护团体的
　　挞（tà）伐。

2. 看到亲人一一病逝，他对人生＿＿＿＿＿＿＿＿＿＿＿。

3. 绑匪把人质杀害并弃尸荒野，＿＿＿＿＿＿＿＿＿的行径人神
　　共愤。

4. 他怀着＿＿＿＿＿＿＿＿＿，留那些无家可归的孩子过夜。

5. 这样残暴的统治者在中国历史上真是＿＿＿＿＿＿＿＿＿＿。

6. 面对危险，他从容指挥，终于＿＿＿＿＿＿＿＿＿。

 成语 万事通

前无古人，后无来者

　　"前无古人，后无来者"语出陈子昂《登幽州台歌》："前
不见古人，后不见来者。念天地之悠悠，独怆然而涕下。"

　　唐代著名的文学家陈子昂，二十四岁中进士。他有才学，
又有抱负，上书论政，受到武则天的赏识。后来，建安王武攸
宜率军北伐契丹。三十五岁的陈子昂担任随军参谋，帮助出谋
划策。武攸宜缺少谋略，连打败仗。陈子昂几次向他献计，他
均不理不睬，还把他降为军曹。陈子昂悲愤填膺，登上古老的
幽州台，不禁想起了古人燕昭王重用大将乐毅的历史往事，他
吊古伤今，吟出了《登幽州台歌》。

第 47 篇
职业后遗症

过年前，李小姐曾与朋友到南部的夜市品尝美食。今天晚上，她**心血来潮**，特地搭乘出租车准备**旧地重**（chóng）**游**。半路上，李小姐拍拍司机的肩膀，正要开口请他先开到另一个地点，没想到司机被她这么**出其不意**地一拍，吓得**胆战心惊**，哇哇大叫。

李小姐忙不迭地赔礼道歉："对不起！我没想到会吓到你。"

司机也感到**羞愧难当**，**面红耳赤**地解释："今天是我第一次开出租车，有人从背后拍我，这在过去十年工作中是绝对不可能有的，因为，我以前**长年累**（lěi）**月**都在开灵车啊！"

1. ＿＿＿＿＿＿：形容经过很多年月。

2. ＿＿＿＿＿＿：指感到十分羞愧内疚。

3. ＿＿＿＿＿＿：趁对方没有料到就采取行动。

4. ＿＿＿＿＿＿：形容非常害怕。

5. ＿＿＿＿＿＿：心里突然产生某种念头。

6. ＿＿＿＿＿＿：重新来到曾经居住过或游览过的地方。

成语运用 猜一猜

1. 面对伙伴们的大度与礼让，她_____。

2. 游乐场的鬼屋让人_____，但仍吸引了很多寻找刺激的游客。

3. 我们一家人到云南_____，这里的景致，还是跟以前一样漂亮。

4. 他高超的技术是_____练出来的。

5. 我军_____地袭击了敌人，打得他们措手不及。

6. 学摄影只是他一时_____的念头，用不了多久他就会放弃的。

成语 万事通

出其不意

　　典出《孙子·计篇》："攻其无备，出其不意。此兵家之胜，不可先传也。"

　　《计篇》是孙子兵法上卷的第一篇，是孙武军事思想的概述，主要论述决定战争胜败的各项基本条件。孙武在论述到军事家取胜的办法时说：打仗是一种奇诡多变的行动，要因时、因地、因事制宜，临机决断，要以神速的行动，乘敌人不及防备、意料不到之时进击。这就是军事家取胜的办法，不能预先做作出死板的规定。后人用"出其不意"的典故比喻在敌人意想不到的时候进行袭击。

第48篇
我不想死！

有一个病人患了轻微的肺积水，医学院主任正想测验学生有没有**真才实学**，便带着他们来到病房。他说："等会儿进去之后，大家试着诊断患者的病症，知道他是什么病的，就点头；不知道的，就摇头。"

进病房之后，甲生对着病人检查半天，**茫然无措**地摇摇头；轮到乙生上前，也对着病人看来看去，仍然**一无所获**，他只好**无可奈何**地摇摇头；当丙生还没做出任何动作，病人已经**按捺（nà）不住**，冲下床来，**愁眉泪眼**地对着主任说："这些医生都**束手无策**，难道我已经**病入膏肓（gāo huāng）**？主任，您**仁心仁术**，快救救我吧！我不想死啊！"

成语意思
猜一猜

1. _____：多用来称颂医生医德高尚、医术高明。

2. _____：什么也没得到，什么收获也没有。

3. _____：真正的才能和实在的知识。

4. ＿＿＿＿＿＿＿＿：皱着眉头，含着眼泪。形容悲苦的样子。

5. ＿＿＿＿＿＿＿＿：心中迷惑，不知道该怎么办才好。

6. ＿＿＿＿＿＿＿＿：心里急躁，克制不住。

7. ＿＿＿＿＿＿＿＿：指疾病已到了不可救治的地步。也比喻情
况严重，无法挽回。

8. ＿＿＿＿＿＿＿＿：遇到问题拿不出解决的办法。

9. ＿＿＿＿＿＿＿＿：没有办法，无法可想。

成语运用
猜一猜

1. 我遗失了一只手表，遍寻全校每个角落，还是＿＿＿＿＿＿＿＿。

2. 妈妈＿＿＿＿＿＿＿＿地坐在沙发上，因为爸爸失业了。

3. 公司最近聘请了一批有＿＿＿＿＿＿＿＿的经理人才，业绩
也因此蒸蒸日上。

4. 他送给张医生一块牌匾，上面写着"＿＿＿＿＿＿＿＿"
四字，称赞张医生医德高尚，医术精湛。

5. 突如其来的变故让小弟弟＿＿＿＿＿＿＿＿，惊吓得大哭起来。

6. 看到自己的录取通知书，我再也＿＿＿＿＿＿＿＿内心的喜
悦，赶快给妈妈打了电话。

7. 就在大家＿＿＿＿＿＿＿＿时，他急中生智，想出了一个好
办法。

8. 老太太一直怀疑自己＿＿＿＿＿＿＿＿，所以终日唉声叹气。

9. 遇到这么蛮不讲理的人，我也是＿＿＿＿＿＿＿＿。

成语笑话创作台

参考答案

第1篇	一、稳操胜券	横眉立目	整衣敛容	胡吹乱嗙	匪夷所思	成竹在胸
	不紧不慢	旁若无人	恭恭敬敬			
	二、成竹在胸	横眉立目	整衣敛容	胡吹乱嗙	匪夷所思	稳操胜券
	恭恭敬敬	不紧不慢	旁若无人			

| 第2篇 | 一、既往不咎 | 七擒七纵 | 悬崖勒马 | 本性难移 | 无可救药 | 改过自新 |
| | 二、改过自新 | 七擒七纵 | 既往不咎 | 本性难移 | 悬崖勒马 | 无可救药 |

第3篇	一、呼风唤雨	骄横跋扈	一言不合	德高望重	仗义执言	相忍为国
	忍无可忍	大发雷霆				
	二、相忍为国	一言不合	呼风唤雨	仗义执言	骄横跋扈	德高望重
	大发雷霆	忍无可忍				

| 第4篇 | 一、挖空心思 | 缺衣无食 | 堆金积玉 | 信以为真 | 大显神通 | 大模大样 |
| | 二、缺衣无食 | 挖空心思 | 信以为真 | 大模大样 | 堆金积玉 | 大显神通 |

| 第5篇 | 一、龇牙咧嘴 | 怒气冲天 | 火烧眉毛 | 操之过急 | 慢条斯理 | 老奸巨猾 |
| | 二、老奸巨猾 | 慢条斯理 | 龇牙咧嘴 | 操之过急 | 怒气冲天 | 火烧眉毛 |

| 第6篇 | 一、心花怒放 | 宾客盈门 | 整齐划一 | 锣鼓喧天 | 送旧迎新 | 必恭必敬 |
| | 二、锣鼓喧天 | 送旧迎新 | 整齐划一 | 心花怒放 | 必恭必敬 | 宾客盈门 |

第7篇	一、锱铢必较	独木难支	七折八扣	慎终追远	忤逆不孝	含恨九泉
	东跑西颠					
	二、慎终追远	独木难支	锱铢必较	七折八扣	忤逆不孝	含恨九泉
	东跑西颠					

第8篇 一、道高一尺，魔高一丈　投机取巧　互通有无　迟疑不决　迫在眉睫
作壁上观

二、迟疑不决　投机取巧　道高一尺，魔高一丈　互通有无　迫在眉睫
作壁上观

第9篇 一、反唇相讥　先下手为强　正颜厉色　不达时务　笑骂从汝　正气凛然
明知故问

二、笑骂从汝　正颜厉色　不达时务　先下手为强　明知故问　正气凛然
反唇相讥

第10篇 一、意气相投　环肥燕瘦　苦不堪言　一片宫商　肺腑之言　食言而肥

二、食言而肥　环肥燕瘦　意气相投　一片宫商　苦不堪言　肺腑之言

第11篇 一、耳濡目染　钻牛角尖　心高气傲　固执己见　相持不下　睚眦必报

二、耳濡目染　相持不下　钻牛角尖　心高气傲　固执己见　睚眦必报

第12篇 一、针锋相对　声气相投　敲锣打鼓　赞叹不已　金榜题名　岂有此理

二、针锋相对　敲锣打鼓　赞叹不已　声气相投　金榜题名　岂有此理

第13篇 一、酒池肉林　盖棺论定　铁面无私　迷惑不解　罪孽深重　席不暇暖
恶贯满盈

二、铁面无私　酒池肉林　恶贯满盈　盖棺论定　席不暇暖　迷惑不解
罪孽深重

第14篇 一、郁郁寡欢　识文断字　丢人现眼　妙不可言　囊空如洗　日行千里

二、囊空如洗　丢人现眼　妙不可言　郁郁寡欢　识文断字　日行千里

第15篇 一、断瓦残垣　惊心骇瞩　如丧考妣　疑神疑鬼　痛入骨髓　求神问卜
规行矩步　惊恐万状　土崩瓦解　左邻右舍

二、惊心骇瞩　痛入骨髓　如丧考妣　求神问卜　断瓦残垣　疑神疑鬼
规行矩步　土崩瓦解　惊恐万状　左邻右舍

第25篇	一、大智大勇	锦囊妙计	溜须拍马	威风八面	怛然失色	摩拳擦掌
	言听计从					
	二、大智大勇	溜须拍马	怛然失色	威风八面	锦囊妙计	摩拳擦掌
	言听计从					
第26篇	一、言不达意	仰屋兴叹	心拙口夯	扬长而去	莫可奈何	心急如焚
	二、扬长而去	言不达意	仰屋兴叹	心拙口夯	莫可奈何	心急如焚
第27篇	一、怒目切齿	言笑晏晏	十载寒窗	功亏一篑	一语双关	
	二、功亏一篑	怒目切齿	十载寒窗	一语双关	言笑晏晏	
第28篇	一、三更半夜	诚惶诚恐	愚不可及	挥汗如雨	气冲牛斗	大动肝火
	二、气冲牛斗	愚不可及	三更半夜	大动肝火	诚惶诚恐	挥汗如雨
第29篇	一、流星赶月	气喘吁吁	好心好意	断断续续	倍道而进	目不忍睹
	小心翼翼					
	二、气喘吁吁	好心好意	目不忍睹	流星赶月	倍道而进	断断续续
	小心翼翼					
第30篇	一、同归于尽	另眼相看	贻笑大方	附庸风雅	夜不能寐	胸无点墨
	一座皆惊					
	二、贻笑大方	附庸风雅	另眼相看	同归于尽	胸无点墨	一座皆惊
	夜不能寐					
第31篇	一、颐神养气	挨家挨户	逍遥自在	周而复始	事不关己	不以为然
	二、颐神养气	事不关己	不以为然	逍遥自在	周而复始	挨家挨户
第32篇	一、倾心吐胆	游手好闲	天地良心	心烦技痒	无所事事	作奸犯科
	二、无所事事	倾心吐胆	心烦技痒	游手好闲	作奸犯科	天地良心
第33篇	一、直眉楞眼	语笑喧阗	直眉瞪眼	百无一用	恼羞成怒	赫赫有名
	二、语笑喧阗	直眉瞪眼	赫赫有名	直眉楞眼	百无一用	恼羞成怒

第34篇	一、	年老体衰	深情厚谊	痛哭失声	感人肺腑	幸灾乐祸	歇斯底里
		弥留之际	步履蹒跚				
	二、	感人肺腑	年老体衰	深情厚谊	痛哭失声	弥留之际	幸灾乐祸
		歇斯底里	步履蹒跚				
第35篇	一、	怒气填胸	嗤之以鼻	可怜巴巴	满腔义愤	物各有主	白发苍苍
	二、	怒气填胸	可怜巴巴	满腔义愤	物各有主	嗤之以鼻	白发苍苍
第36篇	一、	风雨无阻	见惯不惊	适得其反	迫在眉睫	江山易改，	本性难移
		相形见绌					
	二、	江山易改，	本性难移	见惯不惊	适得其反	风雨无阻	相形见绌
		迫在眉睫					
第37篇	一、	大快朵颐	异想天开	形迹可疑	偷鸡摸狗	蒙混过关	不务正业
		迫不及待					
	二、	形迹可疑	异想天开	大快朵颐	偷鸡摸狗	蒙混过关	迫不及待
		不务正业					
第38篇	一、	粗茶淡饭	愤愤不平	痛不堪忍	爱财如命	自鸣得意	腰缠万贯
	二、	腰缠万贯	自鸣得意	痛不堪忍	粗茶淡饭	爱财如命	愤愤不平
第39篇	一、	瞋目竖眉	歪七扭八	赞不绝口	坚持不懈	瞋目切齿	胡言乱语
		兴师问罪					
	二、	赞不绝口	胡言乱语	坚持不懈	歪七扭八	瞋目竖眉	瞋目切齿
		兴师问罪					
第40篇	一、	不识之无	自命不凡	心知肚明	装腔作势	一本正经	如获至宝
		自以为是					
	二、	自以为是	不识之无	装腔作势	心知肚明	一本正经	如获至宝
		自命不凡					

第41篇	一、别出心裁	堆积如山	蜂拥而至	快快不乐	仰天大笑	怒气冲冲
	二、仰天大笑	蜂拥而至	堆积如山	快快不乐	别出心裁	怒气冲冲
第42篇	一、文情并茂	杳无音信	滴水不漏	秘而不宣	连蹦带跳	能说会道
	二、杳无音信	滴水不漏	文情并茂	秘而不宣	能说会道	连蹦带跳
第43篇	一、大汗淋淋	绵言细语	劈头盖脸	鼾声如雷	勉为其难	醍醐灌顶
	七窍生烟					
	二、绵言细语	大汗淋淋	醍醐灌顶	劈头盖脸	七窍生烟	勉为其难
	鼾声如雷					
第44篇	一、眉开眼展	谈今论古	相应不理	推诚相见	万般无奈	真心诚意
	二、推诚相见	万般无奈	谈今论古	真心诚意	相应不理	眉开眼展
第45篇	一、众星捧月	出人意外	奔走相告	恍然大悟	屁滚尿流	披荆斩棘
	气急败坏	嬉皮笑脸				
	二、屁滚尿流	披荆斩棘	出人意外	众星捧月	恍然大悟	奔走相告
	气急败坏	嬉皮笑脸				
第46篇	一、遍体鳞伤	惨无人道	万念俱灰	恻隐之心	前无古人，后无来者	
	化险为夷					
	二、遍体鳞伤	万念俱灰	惨无人道	恻隐之心	前无古人，后无来者	
	化险为夷					
第47篇	一、长年累月	羞愧难当	出其不意	胆战心惊	心血来潮	旧地重游
	二、羞愧难当	胆战心惊	旧地重游	长年累月	出其不意	心血来潮
第48篇	一、仁心仁术	一无所获	真才实学	愁眉泪眼	茫然无措	按捺不住
	病入膏肓	束手无策	无可奈何			
	二、一无所获	愁眉泪眼	真才实学	仁心仁术	茫然无措	按捺不住
	束手无策	病入膏肓	无可奈何			

学生习作

&

动动脑筋

1

紧急汇报

有一天，一名学生心急如焚地跑到老师面前说："老师，我有一件非常紧急的事情要和您说！"

因为这名学生平时十分调皮，所以老师以为他又是来告状的，就打算先岔开话题。于是，老师打断他的话，神态自若地对学生说："不急！你先面对墙壁，深呼吸三次再告诉我吧！"

学生无可奈何地照做了，做完后急不可耐地说："老师，您的衣服着火啦！"老师一听，立刻火冒三丈，对着他咆哮："你怎么不早说！啊……我刚买的新衣服哇！"

指导老师：胡小美 　　　　　（江西科技学院附属小学 赵子钰）

鹦鹉与小天

有一天，小天喜不自胜地去市场买了一只鹦鹉。到家后，小天教鹦鹉说："我是笨蛋。"结果鹦鹉声色俱厉地说："小天是笨蛋。"小天怒目切齿，结结巴巴地说："傻……傻瓜才买这只鹦鹉呢。"

鹦鹉念念有词地说："当然，当然。"

指导老师：刘维丽　　　　　　　（山东省淄博市高新区第三小学　尹天赐）

打 死 的

一天，天真烂漫的小超和小刚，在一起吹牛，争得面红耳赤，不相上下。小刚问："小超，你知道太平洋吗？"小超毫不犹豫地答道："当然知道呀！"小刚马上说："太平洋里的水，就是我爸爸灌进去的！"小超不甘示弱，反问道："那你知道死海吗？"小刚脱口而出："知道呀！"小超说："死海就是我妈妈打死的。"

指导老师：胡小美　　　　　　　（江西科技学院附属小学　姜世扬）

4 家里没人

放暑假了，爸爸妈妈都要去上班，明明白天独自在家，他很高兴自己终于可以**无拘无束**地**当家作主**了。可是爸爸妈妈不放心他一人在家，出门前**千叮万嘱**："明明，不要给陌生人开门，以免**引狼入室**，有事就给爸妈打电话。"为了自己的安全，明明**苦思冥想**出一个好主意，他在家门外贴了一张纸，纸上写有几个大字："家里没人。"然后明明**安安心心**地在家看书，写作业。

指导老师：陈雯宇 　　　　　　　　（江西师范大学附属小学　罗心昶）

5 含笑九泉

语文老师让同学分别用一个含有"笑"字的成语形容同桌。

甲："我的同桌很有涵养，面对任何事情都能**谈笑自若**。"

乙："我的同桌是**一笑倾城**的校花。"

丙："我的同桌是'笑面虎'，对我请教的问题总是**笑而不答**。"

丁："我的同桌是**笑里藏刀**的人，希望他早日**含笑九泉**。"

指导老师：刘维丽 　　　　　　　（山东省淄博市高新区第三小学　李园梓）

6 反着读

三岁的弟弟刚知道念毛笔字一般要从右往左念，于是就**得意扬扬**地跑来告诉我。还不忘讥讽一句："你不知道吧？"我听后**火冒三丈**，一阵**冥思苦想**后，终于想出了一条妙计，我用毛笔写了一行字"我牵猪上山"，便拿给弟弟读。弟弟**一板一眼**地读了起来："山上猪牵我。"顿时大家都**捧腹大笑**，弟弟则**恼羞成怒**。

指导老师：张秀红

（四川省成都市成华小学 董一苇）

7 看完了

离期末考试只有几天了，小杰却在**专心致志**地看电视。

妈妈**大发雷霆**，问道："我给你买的复习资料，你看完了吗？"

"我看完了！"小杰答道。

"那就好！"妈妈**如释重负**。

小杰**哭笑不得**地说："妈妈，我说的是'我看，完了！'"

指导老师：张秀红

（四川省成都市成华小学 张卓然）

8

吹一下

有一次，小川和妈妈，还有妈妈的朋友一起出去玩。妈妈的朋友在旁边和别人**说说笑笑**。小川妈妈**漫不经心**地跟他说："宝贝，你去催一下阿姨吧。"小川**大惑不解**地走过去，对妈妈的朋友吹了口气，又**犹豫不决**地走回来，**吞吞吐吐**地跟他妈妈说："妈妈，我已经对阿姨吹完了一口气了。"小川妈妈听完，先是愣了会儿，接着**捧腹大笑**起来。

指导老师：胡小美　　　　　　　　　　（江西科技学院附属小学　杜心乐）

9

成语的意思

铃声一响，大家都**正襟危坐**地等着老师来上课。

博学多闻的刘老师走上讲台，**气定神闲**地说："今天我们学成语。"他的声音**声如洪钟**，大家听得**聚精会神**。老师接着问："谁知道**鼠窃狗偷**是什么意思？"正当大家**冥思苦想**之际，小丁**突发奇想**，**一本正经**地说："老鼠被刀切了，狗也被偷了。"

指导老师：刘维丽　　　　　　（山东省淄博市高新区第三小学　卢力扬）

"灯"掉了一个

调皮的小明很喜欢看脑筋急转弯。有一天，他嬉皮笑脸地问刘大爷："爷爷，一辆车有几个轮胎？"

刘大爷回答："四个。"

小明说："不对。"

刘大爷又说："算来算去，就是四个啊！"

小明眉开眼笑："应该有五个，因为还有一个备胎。"

刘大爷豁然开朗。

小明又问："这辆车从一个陡坡上行驶而过，'灯'掉了一个，还剩几个轮胎？"

刘大爷说："五个掉一个，四个。"

"不对！"小明斩钉截铁地说。

刘大爷若有所思："一个也没有。"

"不对。"

"那是几个？"

小明喜笑颜开，解释道："都告诉你了，车灯掉了一个。"

这时，刘大爷随机应变，如法炮制，诡秘地问小明："一加一，'男'不'难'？"

小明面红耳赤，瞠目结舌，一时不知道该怎么回答。

指导老师：张秀红　　　　　　　（四川省成都市成华小学 李洲同）

谁是跑得最快的人

　　有一天，老师兴致勃勃地和小朋友们玩起了"你猜我说"的游戏。老师开始提问："小朋友们，你们猜猜古代跑得最快的人是谁呀。"小朋友们七嘴八舌地讨论起来，有人说是夸父，有人说是博尔特，还有人说是孙悟空！只有小黄灵机一动大声说："是曹操，是曹操！"老师和同学们疑惑不解地问："怎么会扯到曹操呢？"小黄清了清嗓子说："因为说曹操曹操就到呀！"

指导老师：张秀红　　　　　　　（四川省成都市成华小学　朱容宵）

听力问题

　　有一天，晶晶和她的吃货朋友小南一起去一家远近闻名的小吃店吃东西，小吃还没端上桌，小南已是一副垂涎三尺的模样。晶晶捧腹大笑："你好馋哪。"一旁的小南听了火冒三丈："你才脑残！"说完就怒气冲冲地准备离去。晶晶哭笑不得，说："我说的是'你好馋'，不是'你脑残'"。

指导老师：张秀红　　　　　　　（四川省成都市成华小学　宋冰洁）

 动动脑一 成语小字典

仔细看图，写出图画里藏着的成语。

年 月

（　　　　　　）

死 烹

（　　　　　　）

敲 打

（　　　　　　）

落 流

（　　　　　　）

穿 引

（　　　　　　）

帛食

（　　　　　　）

动动脑二 **成语小天平**

找出与天平左边成语意思相近的成语，写在天平右边。

前功尽弃　胸有成竹　迷惑不解　燃眉之急

横行霸道　怒不可遏　默不作声　心惊胆战

成竹在胸

怒气冲天

迫在眉睫

惊恐万状

飞扬跋扈

功亏一篑

大惑不解

缄口不言

动动脑三 小蜜蜂采蜜

小蜜蜂都采了哪些颜色的花？请把成语补充完整，再涂上相应颜色。

满脸通 ⬠

万 ⬠ 千红

一片漆 ⬠

青出于 ⬠

心 ⬠ 意冷

洁 ⬠ 无瑕

⬠ 红皂白

信口雌 ⬠

展开联想，补充下列成语。

视财 **视财如命**

囊空

寿比

爱财

心急

堆积

挥汗

鼾声

气喘

倒背

动动脑五 看图猜成语

请根据下图猜一猜成语。

动动脑六　**投成语进篮**

根据下面成语不同的感情色彩，投进相应的篮子里。

老奸巨猾　文思泉涌　德高望重　作奸犯科

睚眦必报　正气凛然　暴殄天物　福如东海

拍案叫绝　忤逆不孝　别出心裁　爱财如命

褒义词　　　　　　　　　贬义词

 扫一扫，
快来查看动动脑筋参考答案吧！

动动脑筋，快来和大家
分享一下你学成语的好法子吧！

- -

- -

- -

- -

- -

- -

- -

- -

- -

星级评价表

单元	篇目	流畅朗读笑话 ★	看着笑话口述两个"猜一猜"练习 ★★	看着答案中的成语创造性复述笑话 ★★★	用篇目中所学成语创作笑话 ★★★★
第一单元	第1—4篇				
	第5—8篇				
第二单元	第9—12篇				
	第13—16篇				
第三单元	第17—20篇				
	第21—24篇				
第四单元	第25—28篇				
	第29—32篇				
第五单元	第33—36篇				
	第37—40篇				
第六单元	第41—44篇				
	第45—48篇				